Polartiere

Die schönsten Bilder junger Tiere

Ravensburger Buchverlag

Inhalt

Die Polarregionen

Die Arktis und die Antarktis gehören zu den kältesten Regionen unserer Erde. Dennoch leben dort viele Tiere: der Eisbär zum Beispiel, der seine Jungen mitten im arktischen Winter zur Welt bringt. Oder der Moschusochse, der mit den Hufen im Schnee scharren muss, um seine kärgliche Mahlzeit zu finden. Auch das Walross, der Polarfuchs und die Schnee-Eule fühlen sich in der nördlichen Polarregion wohl. In der Antarktis auf der gegenüberliegenden Seite der Erde sind ganz andere Tiere heimisch geworden, allen voran die vielen verschiedenen Pinguine. Einer unter ihnen ist der Kaiserpinguin. Da er weit vom Meer entfernt brütet, muss er viele Kilometer laufen, um Futter für sein Junges zu fangen. Der Wanderalbatros zieht seine Bahnen über das eisige Meer. Nahrung suchen und einen geeigneten Platz für die Aufzucht der Jungen finden – das ist der ewige Rhythmus, der das Leben der Polartiere bestimmt.

Fernab vom Meer versammeln sich Kaiserpinguine zu Tausenden. In den riesigen Kolonien erblicken ihre Jungen das Licht der Welt.

Der kleine Eisbär

Unter den aufmerksamen Blicken der Eisbärin rollen zwei
kleine, weiße Kugeln über die makellose Schneedecke.
Es ist Anfang April und die Bärenkinder erkunden zum ersten
Mal die Umgebung ihres Geburtsortes. Mitten im Winter,
als die Nächte lang und die Temperaturen eisig waren,
sind die Kleinen in einer Schneehöhle zur Welt gekommen.
Die Bärin hatte rechtzeitig den windgeschützten Hang eines
Hügels ausgesucht und ein Winterquartier gegraben.

Eisbären sind gute
Schwimmer und Taucher.

Eisbärinnen bringen ein bis zwei Junge zur Welt.

Wer bin ich?

Der Eisbär

Klasse: Ich gehöre zur Klasse der Säugetiere
und bin Fleischfresser.

Größe: Als ausgewachsenes Männchen
messe ich von der Schnauze bis zum
Schwanzende 2,50 bis 3 Meter. Weibchen messen nur 2 bis 2,50 Meter.

Gewicht: Als Männchen kann ich bis zu
600 Kilogramm schwer werden.
Als Weibchen wiege ich nur etwa
300 Kilogramm.

Merkmale: Trotz meiner beachtlichen Größe
bin ich wendig und schnell. Ich kann
auch sehr weit springen.

Wissenschaftlicher Name:
Ursus maritimus

Ich lebe auf der Nordhalbkugel.

Perfekte Tarnung

Am Nordpol, wo der kleine Eisbär wohnt, ist alles weiß. Die Erde ist schneebedeckt und das Meer in weiten Teilen zugefroren. Erwachsene Eisbären müssen jagen, um sich zu ernähren, und da ist ein weißes Fell sehr hilfreich. Der Bär wird eins mit der ihn umgebenden Landschaft und kann sich beinahe unbemerkt an seine Beute heranschleichen.

Von Eisbärenjungen im Schnee sieht man im Grunde nur die schwarze Nase.

Die ersten Lebensmonate

Im Alter von drei Monaten wiegen kleine Eisbären 10 bis 15 Kilogramm und brauchen noch den Schutz der Mutter.

Eisbärenjunge wiegen bei der Geburt zwischen 400 und 900 Gramm. Sie sind blind und ihr Fell ist noch ganz kurz. Ihre ersten drei Lebensmonate verbringen sie in der dunklen Höhle, in der sie geboren wurden. Eng an ihre Mutter geschmiegt, genießen sie deren Wärme. Nach und nach wird ihr Fell länger, und wenn endlich der Frühling beginnt, umhüllt sie ein flauschiger, weißer Pelz, mit dem sie der Kälte trotzen können. Aber ihre ersten Ausflüge sind kurz, und sobald die Nacht hereinbricht, zieht sich die kleine Familie in die schützende Höhle zurück.

Weißes Fell auf schwarzer Haut

Die Natur hat dem Eisbären ein Fell beschert, das den extremen Temperaturen des hohen Nordens standhält. Das Fell wirkt weiß, jedes einzelne Haar ist jedoch hohl und durchsichtig. So können die warmen Sonnenstrahlen bis auf die Haut dringen. Und Eisbären besitzen eine schwarze Haut, denn diese erwärmt sich in der Sonne stärker als helle Haut. Die hohlen Haare haben aber noch einen anderen Nutzen: Zusammengenommen bilden sie ein Luftkissen, das für die hervorragenden Schwimmer sehr nützlich ist. Sei es auf der Jagd oder bei einem erfrischenden Bad: Das eiskalte Wasser ist ihr Element.

Nicht nur die Oberseiten der Pfoten, sondern auch die Sohlen sind von Fell bedeckt. Auf diese Weise sind sie rutschfest.

Vorsicht ist angesagt, damit die Kleinen nicht ins kalte Wasser fallen. Ihr Fell ist noch nicht dick genug, und die isolierende Fettschicht unter der Haut muss erst noch wachsen.

Der Junge Zwergschwan

Es ist Mai, und auch in der arktischen Tundra hat der Frühling begonnen. Am Ufer eines Teiches steht ein fertiges Nest. Ein Schwanenweibchen hat diesen Platz gewählt, denn das Wasser bietet Nahrung in Fülle. Die Nestbauerin hat Pflanzenmaterial gesammelt, dieses sorgsam zu einer Kuhle geschichtet und mit Daunen ausgepolstert. Kaum war das Werk vollendet, hat sie sich hineingesetzt und vier weiße Eier gelegt. Einen Monat lang musste sie brüten. Nur wenn sie Hunger hatte, wagte sie sich kurz aus dem Nest, um etwas Nahrhaftes zu suchen. Endlich ist es so weit: Es macht mehrmals „knack", und aus den zerbrochenen Eierschalen schlüpfen vier kleine Küken.

Der Zwergschwan zieht im Winter an die Küsten Nordwesteuropas.

Wenn im ausgehenden Frühjahr das Zwergschwanenküken aus dem Ei schlüpft, ist es noch schwach und hilflos. Es wird den Schutz seiner Mutter noch eine Zeit lang brauchen.

Wer bin ich?

Der Zwergschwan

Klasse: Ich gehöre zur Klasse der Vögel und bin Pflanzenfresser.

Größe: Von der Schnabel- bis zur Schwanzspitze messe ich ausgewachsen 1,15 bis 1,40 Meter. Meine Flügel haben eine Spannweite von etwa 2 Metern.

Gewicht: Ich wiege ungefähr 7 Kilogramm.

Merkmale: Beim Schwimmen halte ich meinen Hals gerade und meine Flügel eng am Körper.

Wissenschaftlicher Name:
Cygnus bewickii

Ich lebe auf der Nordhalbkugel.

Farbwechsel

Das Gefieder des Schwanenkükens ist graubraun, der Schnabel noch rosa und an den Rändern und an der Spitze schwarz. Diese Farben werden den kleinen Schwan ein ganzes Jahr hindurch begleiten. Zu Beginn des nächsten Sommers aber werden die ersten weißen Federn wachsen. Der rosa Schnabel erhält dann einen dunklen Farbton und einen gelben Fleck an der Basis.

Junge Schwäne sind sehr gefährdet: Nicht nur die Kälte, sondern auch hungrige Jäger wie Fuchs, Wolf und Adler können ihnen zum Verhängnis werden.

Erst im zweiten Winter nach seiner Geburt bekommt der junge Schwan das weiße Gefieder und den gelb-schwarzen Schnabel der Erwachsenen.

Strahlend weiß

Im Laufe des zweiten Winters verwandelt sich der Jungschwan immer mehr in einen strahlend schönen, weißen Schwan. Bis auf ein paar braune Stellen auf dem Kopf – und auch die werden bald verschwunden sein – erinnert nichts mehr an das frühere Gefieder. Schnabel, Beine und Füße sind nun vollkommen schwarz – ein schöner Kontrast zu ihrem weißen Federkleid. Der gelbe Fleck an der Schnabelbasis ist jetzt deutlich zu sehen.

Die Form des gelben Flecks an der Schnabelbasis ist bei jedem Zwergschwan anders. Auch die Größe variiert: Manche Tieren haben nur einen sehr kleinen Fleck.

Auf Reisen

Schon eineinhalb Monate nach dem Schlüpfen kann der kleine
Schwan fliegen. Das ist wichtig, denn er muss schon früh auf Reisen
gehen. Der Sommer in der Tundra ist kurz, und wenn es beginnt
kälter zu werden, ist der Jungschwan bereit, seiner Familie in
wärmere Regionen Richtung Süden zu folgen. Im nächsten Frühling
kehrt er dann wieder an den Ort seiner Geburt zurück. Jahr für Jahr,
bis an sein Lebensende wird er diese beiden großen Reisen unter-
nehmen und jedes Mal Tausende von Kilometern meistern.

Der Zwergschwan kann erstaunlich weite Strecken fliegen.
Dabei hält er seinen Hals in Flugrichtung gestreckt und ganz
leicht nach unten abgewinkelt

Der kleine Moschusochse

Im April ist es im hohen Norden immer noch bitterkalt, und die Nächte sind länger als die Tage. Und doch werden gerade jetzt die kleinen Moschusochsen geboren. Zum Glück kommen die Kälbchen mit einem kuscheligen Wollkleid zur Welt. Sie werden auch später niemals frieren, denn ihr Fell ist nicht nur dick, sondern auch sehr lang. Am Hals, an der Brust und am Hinterleib können die Haare sogar eine Länge von 60 Zentimetern erreichen. Zusammen mit der besonders warmen Unterwolle erhält der Moschusochse einen dicken, warmen Pelz.

Der Moschusochse ist mit Schafen und Ziegen nah verwandt.

Nur eine Stunde nach der Geburt kann der kleine Moschusochse schon auf den Beinen stehen und seiner Mutter durch die Tundra folgen.

Wer bin ich?

Der Moschusochse

Klasse: Ich gehöre zur Klasse der Säugetiere und bin Pflanzenfresser.

Größe: Ausgewachsen bin ich 1,80 bis 2,50 Meter lang.

Gewicht: Ich wiege 200 bis 400 Kilogramm.

Merkmale: Ich trage ein sehr dickes Winterfell. Im Sommer gehen mir die ganz langen Haare aus, aber rechtzeitig zum folgenden Winter wachsen sie wieder nach.

Wissenschaftlicher Name:
Ovibos moschatus

Ich lebe auf der Nordhalbkugel.

Das Leben in der Gruppe

Nicht nur die Mutter, sondern die ganze Herde bietet dem Moschuskalb Schutz und Geborgenheit. Ein paar Mütter mit ihren Jungtieren sowie mehrere junge Weibchen und Männchen bilden eine kleine Herde. Einen Großteil des Jahres ziehen die Tiere auf der Suche nach neuen Weidegründen umher. Häufig haben solche Gruppen einen Leitbullen. Zur Paarungszeit schließen sich dann mehrere kleine Herden zu einer großen Herde zusammen.

Im Winter müssen Moschusochsen mit einem spärlichen Nahrungsangebot auskommen. Sie scharren den Schnee beiseite und finden nur Flechten und welkes Gras.

Im Frühling, wenn die Kälber zur Welt gekommen sind, überziehen saftige Gräser und Blumen die weite Tundra. Endlich können sich die Moschusochsen satt fressen.

Weder Wolf noch Bär können den Moschusochsen Angst einjagen, denn gemeinsam stellen sie sich jeder Herausforderung. Sollte ein Raubtier doch einen Angriff wagen, schützt das dicke, lange Fell vor Bissen.

Eine lebende Festung

Unter der Obhut der Gruppe aufzuwachsen, ist für die Kälber überlebenswichtig. Bei Gefahr drängen sich die erwachsenen Moschusochsen dicht aneinander und richten ihre Köpfe mit den bedrohlichen Hörnern abwehrend nach außen. So bilden sie einen wehrhaften Kreis, in dessen Mitte die Kälber vor Raubtieren geschützt sind.

Die Waffe auf dem Kopf

Raubtiere wie die Polarwölfe sind vorsichtig, denn sie kennen die gefährliche Waffe des Moschusochsen: zwei spitze Hörner. Deren Basis bedeckt breit und flach die Stirn und verjüngt sich zu beiden Seiten des Kopfes zu langen Hörnern, die sich spitz nach vorn biegen. Ein gezielter Stoß mit dem Kopf und der ungebetene Gast fliegt durch die Luft. Aber damit nicht genug: Nach seiner unsanften Landung trampeln ihn die schweren, breiten Hufe der Tiere zu Tode.

Die zwei Hörner des Moschusochsen sind über den Augen durch eine harte, dicke Hornplatte miteinander verbunden.

Der Junge Polarwolf

Es ist Frühling und die Wölfin hat vier Junge geboren.
Sie kamen als Leichtgewichte von 500 Gramm und mit
geschlossenen Augen zur Welt. Und jetzt, nur drei Wochen
später, krabbeln sie schon aus ihrer sicheren Höhle heraus.
Eingehüllt in ein warmes Fell lassen sie sich von dem zuweilen
immer noch kalten Wind nicht abschrecken. Überhaupt hält
die Tundra kaum Gefahren für die Welpen bereit, denn sie
genießen nicht nur den Schutz der eigenen Mutter, sondern
den des gesamten Rudels. Alle erwachsenen Wölfe kümmern
sich um die neuen Mitglieder der Gruppe.

Aufgrund seines Fells,
wird der Polarwolf auch
Weißwolf genannt.

Wie weiß das Fell des Polarwolfs ist, hängt von
seinem Lebensraum ab. Je nördlicher seine Heimat,
desto weißer sein Fell.

Wer bin ich?

Der Polarwolf

Klasse: Ich gehöre zur Klasse der Säugetiere
und bin Fleischfresser.

Größe: Von der Schnauze bis zum
Schwanzansatz messe ich zwischen
1 bis 1,50 Meter und bin 70 bis
90 Zentimeter hoch.

Gewicht: Ich wiege zwischen 60 und
80 Kilogramm.

Merkmale: Da ich vorwiegend in Regionen lebe,
die von Schnee und Eis bedeckt sind,
bin ich dank meines weißen Fells gut
getarnt.

Wissenschaftlicher Name:
Canis lupus arctos

Ich lebe auf der Nordhalbkugel.

Alles meins!

Schon als Welpe ist der Wolf sehr robust; anders könnte er die harten Lebensbedingungen der Tundra gar nicht meistern. Je größer er wird, desto muskulöser und länger werden seine kräftigen Beine. Sobald er ausgewachsen ist, kann er mit seinem Rudel dann weite Strecken laufen, denn ein riesiges Gebiet muss vor fremden Wölfen verteidigt werden. Jedes Wolfsrudel hat sein eigenes Revier. Dessen Grenzen zu sichern und ständig Patrouille zu laufen, ist äußerst aufwendig.

Mit seinen kräftigen Beinen ist der Wolfswelpe bestens für das Leben in der Tundra gerüstet.

Solange er klein ist, hat der Wolfswelpe immer ein Rudelmitglied an seiner Seite, entweder seine Mutter oder einen der im Vorjahr geborenen Jungwölfe.

Gut gerüstet in den Winter

Wenn der Winter in die Tundra zurückkehrt, hat der kleine Wolf das Welpenalter hinter sich gelassen. Er ist groß geworden, seine Muskeln sind gut ausgebildet und sein Fell hat an Dichte zugenommen. So ausgerüstet, wird ihm die lange, bittere Kälte nichts anhaben können. Zwischen den Zehenballen sind lange Haare gewachsen, damit seine Pfoten beim Laufen in Schnee und Eis geschützt sind. Seine Ausbildung zum künftigen Jäger hat begonnen. Der junge Wolf ist bereit, seinem Rudel in die weite, weiße Ebene hinaus zu folgen.

Läuft der Wolf gemächlich, kann er große Strecken zurücklegen, ohne zu ermüden. Wenn er sprintet, erreicht er Geschwindigkeiten von über 60 Kilometer pro Stunde.

Unter dem äußeren Pelz wächst ein wolliges Unterfell, das vor Kälte schützt. Das Fett, das in den Talgdrüsen der Haut hergestellt wird, macht das Fell wasserdicht.

Auf der Jagd

Es ist nicht leicht, in der unendlich weiten Tundra Beute aufzuspüren. Der Wolf muss große Strecken zurücklegen, wenn er seinen Hunger stillen will. Im Wesentlichen sind es Nagetiere wie Lemminge, Mäuse sowie Schneehasen, die auf seinem Speiseplan stehen. Zusammen mit seinem Rudel nimmt er aber auch Moschusochsen- und Rentierherden ins Visier. Da eine Verfolgungsjagd mehrere Tage dauern kann, ist nicht nur Teamarbeit, sondern ebenso viel Ausdauer angesagt. Unter Einsatz aller Kraft und Energie greifen der junge Wolf und seine Freunde im passenden Moment eines der großen Tiere an und erlegen es gemeinsam.

Die kleine Schnee-Eule

Wenn die Schnee-Eule mit dem Nestbau beginnt, ist der Boden der Tundra noch gefroren. Sie hat sich einen Erdhügel ausgesucht, den sie unter Einsatz von Schnabel und Krallen bearbeitet. Durch Scharren und Kratzen lockert sie den harten Boden auf, wirft störende Steine hinaus und schafft sich so eine kleine Mulde. Anfang Mai legt die Eule dann vier bis zehn Eier, die sie alleine ausbrütet. Es ist immer noch sehr kalt, und um die Eier nicht zu gefährden, gönnt sie sich während der Brut nur selten eine kurze Pause. Aber zum Glück muss sie nicht auf Beutefang gehen, denn ihr Partner kommt regelmäßig zum Nest und bringt ihr etwas zu fressen.

Das weiße Gefieder tarnt die Schnee-Eule beim Flug über den schneebedeckten Boden.

Kleine Schnee-Eulen tragen ein dickes, graues Daunenkleid, das sie vor Kälte und Nässe schützt.

Wer bin ich?

Die Schnee-Eule

Klasse: Ich gehöre zur Klasse der Vögel und bin Fleischfresser.

Größe: Von der Schnabel- bis zur Schwanzspitze messe ich 55 bis 66 Zentimeter. Meine Flügel haben eine Spannweite von 1,45 bis 1,60 Metern.

Gewicht: Ich wiege zwischen 1,7 und 2,2 Kilogramm.

Merkmale: Ich habe einen runden Kopf und goldgelbe Augen. Mein Gefieder ist fast ganz weiß. Bin ich ein Weibchen, ist es dunkel gesprenkelt.

Wissenschaftlicher Name:
Bubo scandiacus

Ich lebe auf der Nordhalbkugel.

Das Erstgeborene

Nach etwas mehr als dreißig Tagen kämpft sich das erste Küken durch die Schale ans Tageslicht. Es ist in weiche, weiße Daunen gehüllt, die wie ein flauschiger Pelz aussehen. Von Anfang an versucht der noch nicht einmal 50 Gramm wiegende Winzling sich aufzurichten und den Schnabel der Mutter zu erwischen. So hungrig ist er schon! Seine Nahrung besteht schon jetzt nur aus Fleisch. Es ist die Aufgabe des Vaters, Beute zu schlagen und zum Nest zu bringen, denn Mutter Eule muss ihr Erstgeborenes wärmen und darf die anderen Eier nicht auskühlen lassen.

Die kleinen Schnee-Eulen einer Brut schlüpfen in zweitägigem Abstand. Die ersten sind früher selbstständig als die später Geborenen.

Wenn sich ein Feind nähert, verteidigen Schnee-Eulen ihre Jungen mit beeindruckenden Drohgebärden. Manchmal genügt es schon, sich vorzubeugen und ihn anzustarren.

Rasantes Wachstum

Innerhalb weniger Tage schlüpfen dann auch die anderen Küken und das Männchen muss immer mehr Nahrung beschaffen. Es jagt hauptsächlich Lemminge und andere Nagetiere, aber auch Vögel. Die größten Brocken und die Knochen verspeist die Eulenmama selbst. Erst dann ist der Nachwuchs an der Reihe. Mit kleinen Schreien verkündet sie, dass Essenszeit ist, und die hungrige Kinderschar zupft ihr das Futter aus dem Schnabel. Bei dieser guten Verpflegung wachsen die Küken so schnell, dass sie drei Wochen nach dem Schlüpfen das Zwanzigfache wiegen!

Kaum ist sie drei Wochen alt, wagt sich die
kleine Schnee-Eule aus dem Nest und bewegt
sich flügelschlagend und hopsend vorwärts.

Die Schnee-Eule liebt weite, übersichtliche Ebenen.
Von einem Felsbrocken oder Holzpflock aus überblickt
sie die Landschaft und lauert auf Beute.

Ein Meister im Jagen

Mit sechs oder sieben Wochen übt sich die
junge Schnee-Eule schon selbst im Jagen.
Die Natur hat ihr hierfür alles mitgegeben:
einen kleinen, spitzen Schnabel und scharfe
Krallen, die aus ihren vollständig mit Federn
bedeckten Zehen ragen. Wenn sie erwachsen
ist, wird sie verschiedene Jagdtechniken gelernt
haben. Oft sitzt sie dann auf einem Ansitz – das
kann ein großer Stein oder ein abgebrochener
Stamm sein – und hält Ausschau nach Beute.
Sobald sie einen Lemming erspäht, hebt sie
ab und stürzt sich lautlos auf das Opfer.

Der junge Beluga

Ganz nah an der Oberfläche des blauen Nordpolarmeers schwimmt ein Belugaweibchen mit seinem Kalb. Das Junge schmiegt sich eng an den Körper seiner Mutter. Sie hatte zu Beginn des Sommers eine ruhige, vor den rauen Stürmen der offenen See geschützte Bucht aufgesucht und dort ihr Kind zur Welt gebracht. Das Neugeborene war 1,60 Meter lang und 80 Kilogramm schwer. An Größe hat es nun dank der nahrhaften Muttermilch ganz schön zugelegt, aber seine schöne Farbe, ein dunkles Schiefergrau, ist unverändert.

Der Beluga ist ein Säugetier und muss zum Luftholen an die Wasseroberfläche kommen.

Die Mutter-Kind-Beziehung der Weißwale ist so eng, dass der Jungwal oft mehrere Jahre bei der Mutter bleibt, auch wenn diese ein weiteres Kalb zur Welt bringt.

Wer bin ich?

Der Beluga (auch Weißwal)

Klasse: Ich gehöre zur Klasse der Säugetiere und ernähre mich von Fischen, Krustentieren und Kalmaren.

Größe: Bin ich ein Weibchen messe ich 3 bis 3,50 Meter. Als Männchen bin ich 4,50 bis 5,50 Meter lang.

Gewicht: Als Weibchen wiege ich 400 bis 900 Kilogramm. Als Männchen werde ich bis zu 1400 Kilogramm schwer.

Merkmale: Ich verständige mich mit pfeifenden und klickenden Lauten. Weil ich so gerne singe, nennt man mich auch „Kanarienvogel des Meeres".

Wissenschaftlicher Name:
Delphinapterus leucas

Ich lebe auf der Nordhalbkugel.

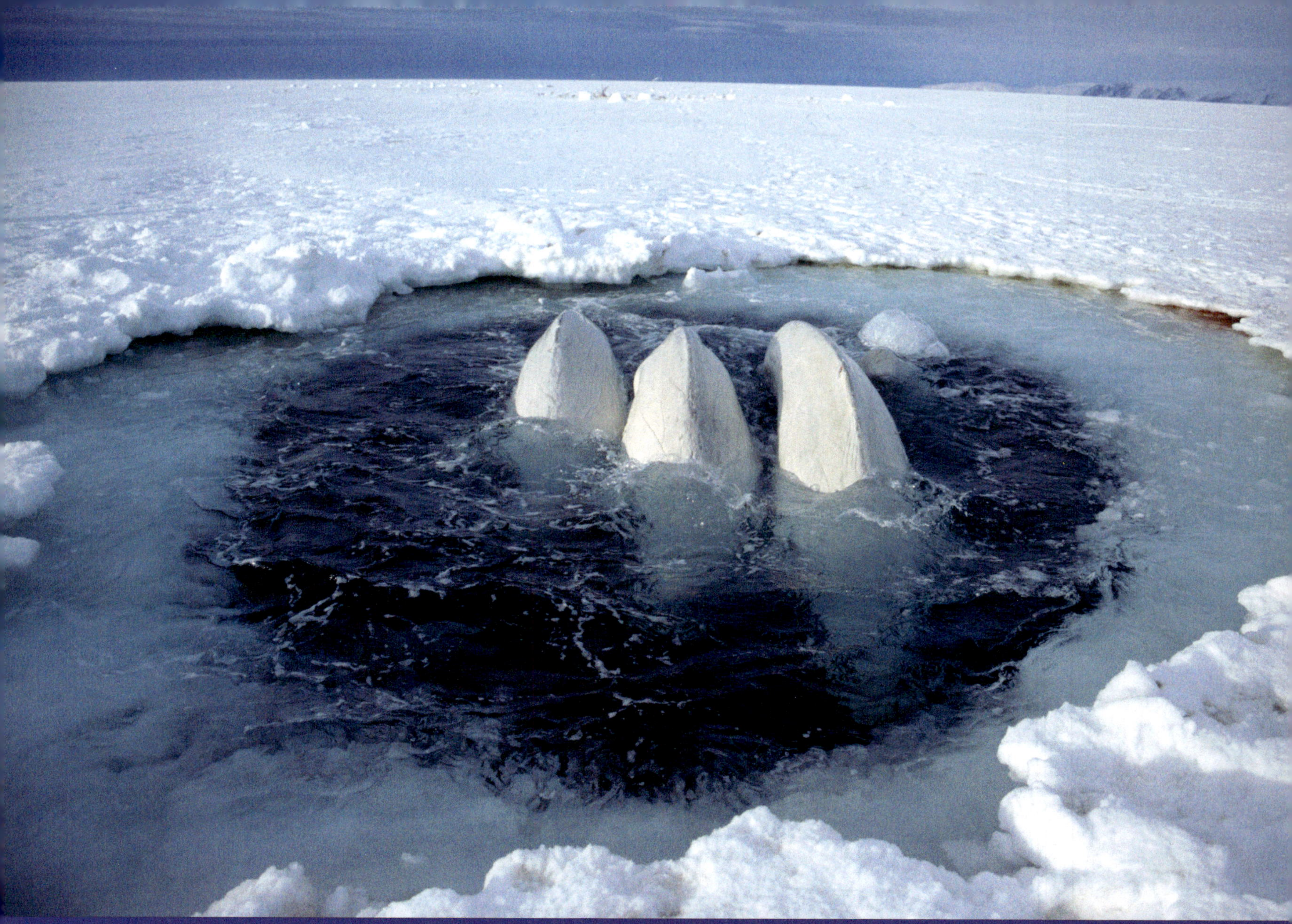

Makellos weiß

Je älter das Belugakalb wird, desto mehr
verändert sich seine Farbe. Die dunkel-
graue Haut verblasst und wird entweder
gelblich oder grau gefleckt. Es wird aber
noch vier bis fünf Jahre, vielleicht sogar
noch länger dauern, bis der junge Wal so
leuchtend weiß ist wie die Eislandschaft
des arktischen Meeres. Erst dann trägt
der Beluga seinen Zweitnamen „Weißwal"
zu Recht.

Unter dem Eis

Nicht nur die Farbe, sondern auch die Körperform des Belugas garantiert eine perfekte Anpassung an das Leben im Eismeer. Eine Rückenflosse, die bei anderen Walen zu finden ist, wäre beim Schwimmen im arktischen Wasser mit seinen unzähligen Eisbrocken nur hinderlich. Oben auf dem Kopf sitzt ein runder Wulst, der „Melone" genannt wird. An dessen hinterem Ende, kurz vor dem Nacken, sitzt das Blasloch, das der Atmung dient. Zum Luftholen an der Wasseroberfläche reicht dem Beluga ein kleines Loch im Eis.

Unterhalb des runden Kopfwulstes schiebt sich eine leicht schnabelförmige Schnauze nach vorn, die sich gut dafür eignet, störende Eisbrocken wegzuschubsen.

Sommer- und Winterquartier

Belugas sind sehr soziale Tiere und leben deshalb nicht allein. Während sich mehrere Weibchen und ihre Jungen zusammenschließen, bestehen andere Gruppen nur aus erwachsenen Männchen. Im Frühjahr und im Sommer durchziehen sie die fischreichen Gewässer der nördlichen Arktis. Wenn aber der Winter naht und das Wasser langsam zufriert, machen sich die Wale rechtzeitig auf den Weg in südliche Richtung. Die kältesten Monate des Jahres verbringen sie dort, wo das Eis keine geschlossene Fläche bildet und immer genügend Löcher zum Luftholen frei bleiben.

Der Beluga ist kein Einzelgänger, sondern lebt in Gruppen, die Schulen genannt werden.

Der kleine Antarktische Seebär

Kleine Seebären werden Ende Oktober geboren, wenn der antarktische Frühling beginnt. Seebären leben zwar hauptsächlich im Wasser, bekommen aber ihre Jungen an Land. Die Männchen suchen dafür dann einen geeigneten Platz an der felsigen Küste, manchmal ist es auch ein Strandabschnitt mit großen Steinen. Wichtig ist, dass die Entfernung zum Wasser stimmt: nicht zu nah und nicht zu weit. Um die besten Plätze wird heftig gestritten, ja zuweilen bitter gekämpft. Und die Sieger haben die freie Wahl. Dann kommen die Weibchen und gruppieren sich um die Männchen. Die Geburt ihrer Jungen steht kurz bevor.

Das Antarktische Seebären-Männchen ist größer und schwerer als das Weibchen.

Der kleine Seebär hat schon das typische Aussehen der Erwachsenen: kleiner, länglicher Kopf, spitze Schnauze und ganz kleine Ohren.

Wer bin ich?

Der Antarktische Seebär

Klasse: Ich gehöre zur Klasse der Säugetiere und ernähre mich hauptsächlich von Krill.

Größe: Als Männchen messe ich ungefähr 1,90 Meter, als Weibchen nur etwa 1,30 Meter.

Gewicht: Ich wiege ungefähr 140 Kilogramm, wenn ich ein Männchen bin, und nur 40 bis 50 Kilogramm, wenn ich ein Weibchen bin.

Merkmale: Meine Tasthaare an der Schnauze sind sehr lang: bei Männchen bis zu 48 Zentimeter.

Wissenschaftlicher Name:
Arctocephalus gazella

Ich lebe auf der Südhalbkugel.

Verlassen

Die Seebärin prägt sich den Geruch ihres Kindes sofort nach dessen Geburt ein, damit sie es später in der riesigen Schar Jungtiere wiederfinden kann.

Bei der Geburt ist der kleine Seebär etwa 65 Zentimeter lang und 6 Kilogramm schwer. Er trägt ein dunkelbraunes, fast schwarzes Fell. Nur wenige Tage verbringt die Mutter bei ihrem Jungtier, dann verschwindet sie im Meer, um nach Nahrung zu suchen. Der kleine Seebär bleibt einsam und verlassen zurück, denn er möchte noch nicht ins Wasser. Aber den anderen Neugeborenen geht es nicht anders, und so rücken sie eng zusammen, um gemeinsam auf die baldige Rückkehr ihrer Mütter zu warten.

Fellwechsel

Schon bald ist der kleine Seebär wieder mit seiner Mutter vereint und kann sich an deren Milch satt trinken. Da die Muttermilch sehr nahrhaft ist, wächst der Kleine schnell heran. Nach ungefähr vier Monaten erlebt er seinen ersten Fellwechsel. Ein silbriger Pelz ersetzt seinen dunklen Babypelz. Und nun ist es so weit: Der junge Seebär kann das Festland, auf dem er geboren wurde, gegen den Antarktischen Ozean eintauschen. Aber noch stehen ihm viele Übungsstunden bevor, bis er so gut schwimmen kann wie ein Großer.

Junge Seebären sind viel in Bewegung. Übermütig brummend gehen sie ihren Lieblingsbeschäftigungen nach: sich im Schlamm wälzen und Kämpfen spielen.

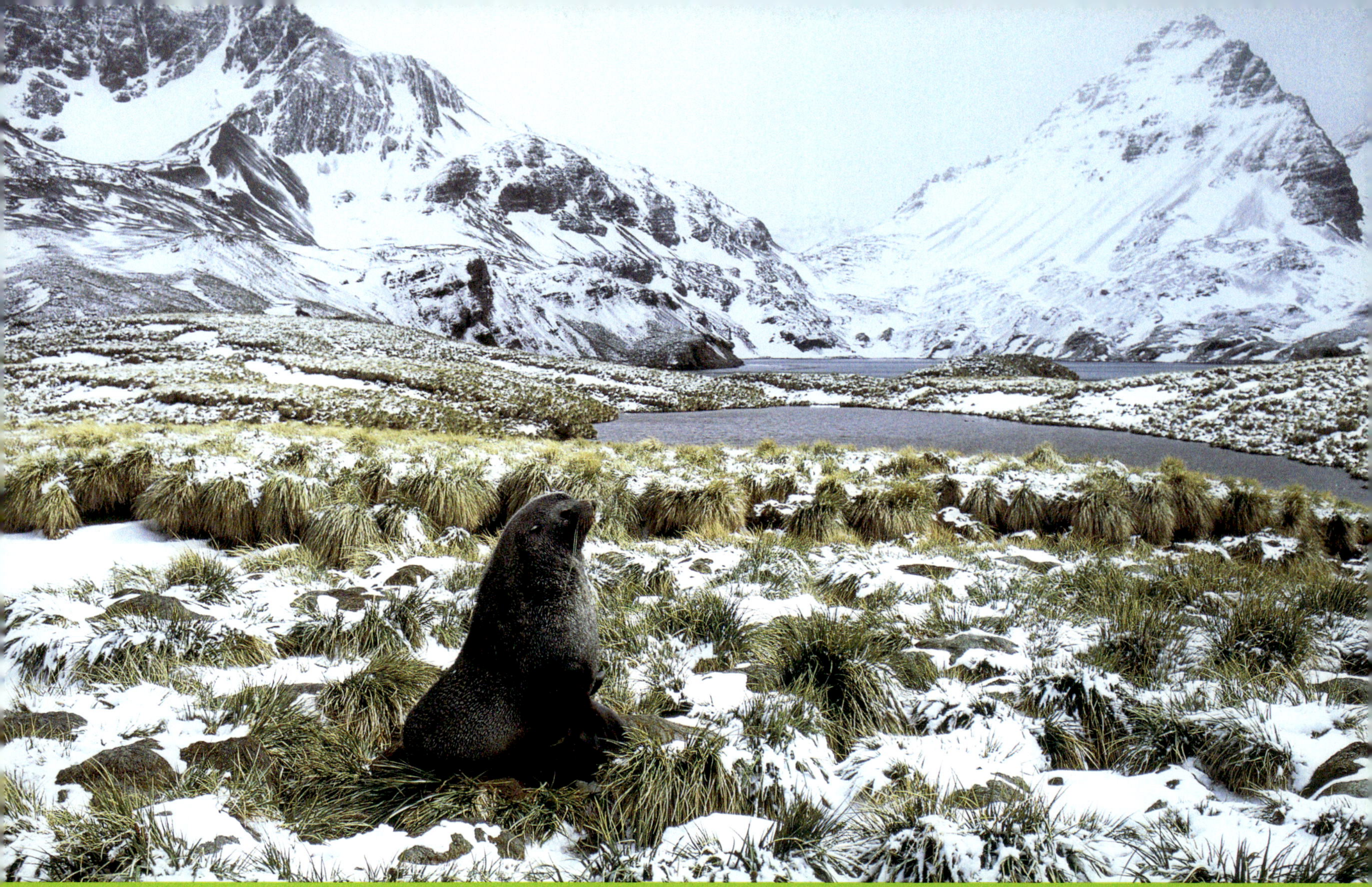

Mit seinem dicken Fell braucht der Antarktische Seebär die eisigen Temperaturen an Land und im Wasser nicht zu fürchten.

Gepflegte Erscheinung

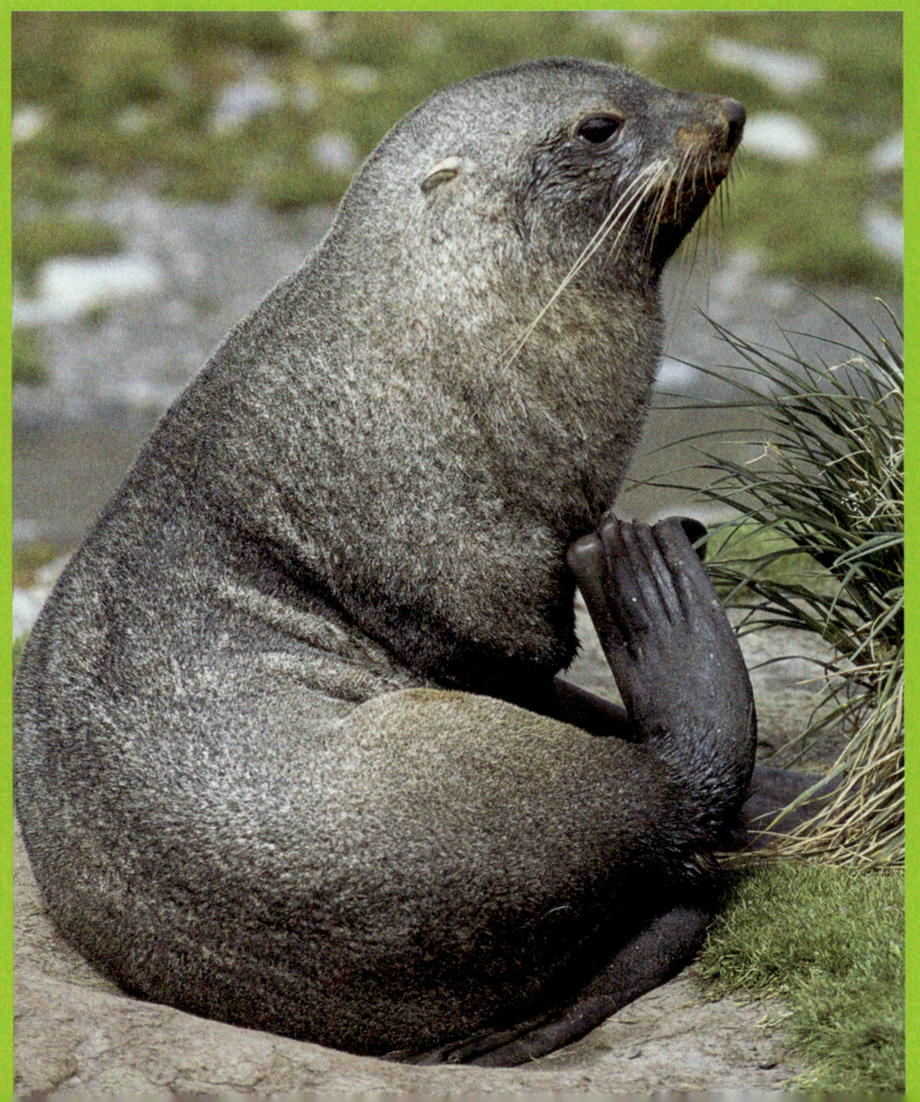

Erwachsene Männchen und Weibchen sehen unterschiedlich aus. Weibchen haben ein durchweg graues Fell, wobei Rücken und Flanken ziemlich dunkel und Bauch und Hals eher hell sind. Das Fell der Männchen ist dunkelbraun bis schwarz, geschmückt von einer schönen, grauen Mähne. Ob Männchen oder Weibchen – beide legen großen Wert auf ihre Fellpflege. Wenn sie aus dem Wasser kommen, wird der Pelz zunächst kräftig geschüttelt und dann sorgsam mit den Flossen gestriegelt. Einmal im Jahr wechseln sie ihr Fell.

Fellpflege wird großgeschrieben und nimmt viel Zeit in Anspruch.

Der junge Kaiserpinguin

Die Temperaturen in der Antarktis, nahe dem Südpol, sind alles andere als angenehm. Zum Glück hat der kleine Kaiserpinguin eine dicke Fettschicht unter der Haut und ein molliges Daunenkleid darüber. Eine gute Ausstattung, um in extremer Kälte zu überleben. Doch manchmal fegen eisige Winde über das Land. Dann drängen sich alle kleinen Pinguine eng aneinander und formen einen kompakten Kreis, in dem ihre Körperwärme gespeichert wird. Die außen stehenden Tiere, die mit ihren Rücken eine Art Schutzwall bilden, wechseln nach einer Weile in die geschützte Mitte.

Der kleine Kaiserpinguin kommt zu Beginn des kurzen antarktischen Sommers zur Welt.

Das Pinguinküken sitzt auf den warmen Füßen eines Elternteils und ist so vor der Kälte des Bodens geschützt.

Wer bin ich?

Der Kaiserpinguin

Klasse: Ich gehöre zur Klasse der Vögel und ernähre mich von Fischen und Krill.

Größe: Ich messe von der Schnabel- bis zur Schwanzspitze 1 bis 1,30 Meter.

Gewicht: Je nach Jahreszeit wiege ich zwischen 25 und 40 Kilogramm.

Merkmale: Ich bin zwar ein Vogel, kann aber nicht fliegen. Für mich ist das Schwimmen und Tauchen wichtig, und das kann ich prima. Im Meer finde ich meine Nahrung und verbringe daher einen Großteil meines Lebens im Wasser.

Wissenschaftlicher Name:
Aptenodytes forsteri

Ich lebe auf der Südhalbkugel.

Mitten im Winter

Das Pinguinweibchen legt mitten im Winter, wenn es in der Antarktis noch kälter ist als sonst, ein einzelnes Ei. Die zukünftige Pinguinmutter hat kein Nest gebaut, denn ihr Lebensraum hält keinerlei Nistmaterial bereit. Aber die Natur ist erfinderisch und hat die Pinguindame mit einer Bauchfalte ausgestattet, in der sie das Ei sofort verstaut. Am nächsten Tag übergibt sie es ihrem Partner und verschwindet. Was hat sie vor? Sie macht sich auf eine lange, beschwerliche Reise zum Meer, um Nahrung für sich selbst und für ihr Kind zu fangen.

Das Pinguinmännchen trägt das Ei auf seinen Füßen umher. Unter der Bauchfalte bleibt es schön warm.

Ausgehungert

Da der Pinguinvater das Brutgeschäft übernimmt, hat auch er eine Bauchfalte. Sie bedeckt und wärmt das Ei, das er auf die Füße gebettet mit sich herumträgt. Zwei lange Monate muss er nun ohne Nahrung auskommen! Und gegen den Durst hilft nur ein Schnabel voll Schnee. Endlich ist ein Knacken zu hören, und aus der zerbrochenen Eierschale schlüpft ein Küken, welches alsbald ein forderndes Piepsen von sich gibt: Das Küken ist hungrig! Höchste Zeit, dass die Mama zurückkommt!

Gegen die Kälte schützt das Küken ein flauschiges Daunenkleid. Anfangs darf es auch noch unter die wärmende Bauchfalte der Eltern schlüpfen.

Der fürsorgliche Papa würgt aus der Tiefe seines Magens einen Nahrungsbrei hervor, den er dem kleinen Schreihals in den Schnabel stopft.

Vom Küken zum Jungvogel

Endlich: die Pinguinmutter kehrt zurück und hat den Magen voller
Futter für den Nachwuchs. Aber auch der Vater hat einen Riesenhunger!
Schnell schiebt er das Küken zur Mama hin und marschiert los. Die
Eltern wechseln sich mit der Nahrungsbeschaffung so lange ab, bis das
Küken ihre Körperwärme nicht mehr braucht und sie die Wanderung
zum Meer gemeinsam antreten können. Dann schließt sich das Junge
mit den anderen Pinguinen seines Jahrgangs zusammen, um sich nach
Pinguinart gegenseitig vor der Kälte zu schützen. Und irgendwann ist
der Tag gekommen, an dem der kleine Pinguin seine Eltern zur Küste
begleitet und sein erstes kaltes Bad nimmt.

Junge Kaiserpinguine sehen alle gleich aus:
schwarz-weißer Kopf, graues Daunengewand
und kleine, kurze Flügel.

Die anderen kleinen Pinguine

Beine und Schnabel orangerot und über jedem Auge ein weißer Fleck: Der Eselspinguin sieht anders aus als alle seine Verwandten. In der Fortpflanzungszeit versammeln sich Eselspinguine dort, wo das Eis schon geschmolzen ist, und bilden große Kolonien. Sofort macht sich das Männchen an die Arbeit und baut ein hohes Nest aus Steinen und Moos. Dabei kommt es oft zu Streitereien mit den lieben Nachbarn, denn alle benötigen das gleiche Nistmaterial. Sobald das Nest fertig ist, setzt sich das Weibchen hinein und legt zwei Eier.

Der Name des Eselspinguins stammt von seinem eselartigen Geschrei.

Die Küken der Eselspinguine sind in warme Flaumfedern gehüllt: grau auf dem Rücken und weiß am Bauch. Zwanzig bis dreißig Tage nach dem Schlüpfen wagen sie sich zum ersten Mal aus dem Nest.

Wer bin ich?

Der Eselspinguin

Klasse: Ich gehöre zur Klasse der Vögel und ernähre mich vorwiegend von kleinen Fischen und Krill.

Größe: Ich werde etwa 81 Zentimeter groß.

Gewicht: Abhängig von der Jahreszeit wiege ich zwischen 5,5 und 7 Kilogramm.

Merkmale: Anders als die übrigen Pinguinarten suche ich mir jedes Jahr einen neuen Brutplatz aus.

Wissenschaftlicher Name:
Pygoscelis papua

Ich lebe auf der Südhalbkugel.

Wie alle Pinguine ist auch der Königspinguin ein hervorragender Taucher und Schwimmer. Seine unter der Haut verborgene dicke Fettschicht und sein besonderes Gefieder schützen ihn vor Auskühlung.

Der junge Königspinguin

Der Königspinguin ist mit etwa 95 Zentimetern fast so groß wie der Kaiserpinguin. Aber im Aussehen unterscheidet er sich erheblich von seinem Verwandten. Der Königspinguin ist der farbenprächtigste von allen. Seine Rückenfedern enden in dunkelblauen Spitzen und kontrastieren mit dem Silbergrau der Schultern und des Nackens. Auf dem schwarzen Kopf leuchten zwei gelbe Flecken, einer rechts, einer links. Der weiße Bauch geht in eine goldschimmernde Brust über. Orangerosa Ränder zieren den langen, spitzen Schnabel. Der Königspinguin ist eine wirklich auffällige Erscheinung!

Der kleine Zügelpinguin

Der Zügelpinguin hat eine komplett weiße Unterseite, sogar Kehle und Gesicht sind weiß. Der restliche Körper sowie der Schnabel sind blauschwarz. Dem schwarzen Streifen, der unter dem Kinn von einem Ohr zum anderen verläuft, verdankt der Pinguin seinen Namen. Der lebhafte, neugierige Vogel lebt in großen Kolonien und baut sein Nest an Felswänden oder an steinigen Stränden.

Die Küken der Zügelpinguine kommen mit einem silbrig weißen Daunenkleid zur Welt, das später braun wird, vor allem auf dem Kopf und auf dem Rücken.

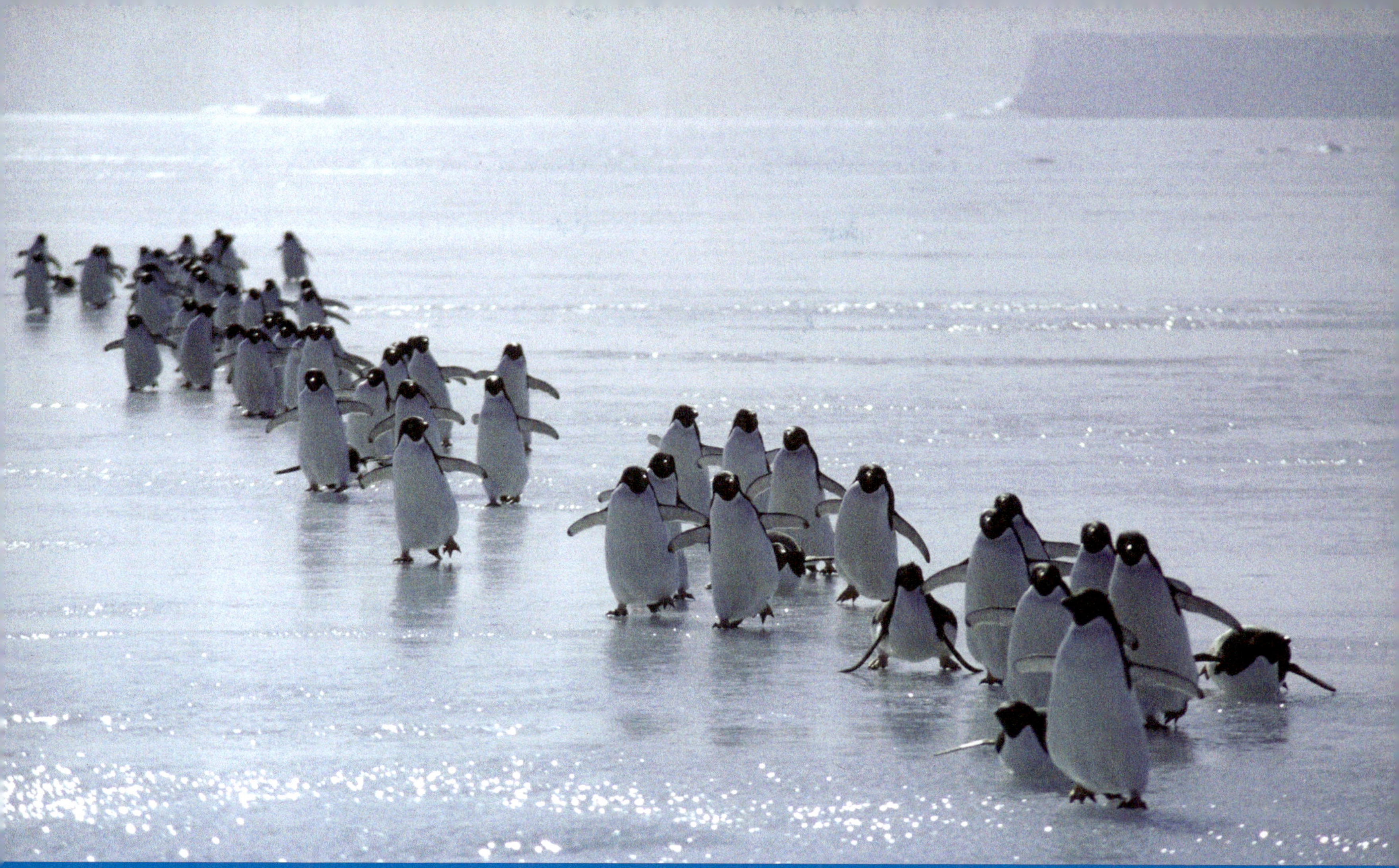

Schnell laufen kann der Adeliepinguin mit seinen kurzen Beinen nun wirklich nicht. Da hilft oft nur Rutschen: Er legt sich auf den Bauch und stößt sich mit den Flügelflossen vorwärts.

Am steilen Eishang staut es sich. Wer wagt den ersten Sprung? Schließlich nimmt sich einer der Pinguine ein Herz, springt und taucht ein in das eisige Nass. Nun zögern auch die anderen nicht länger.

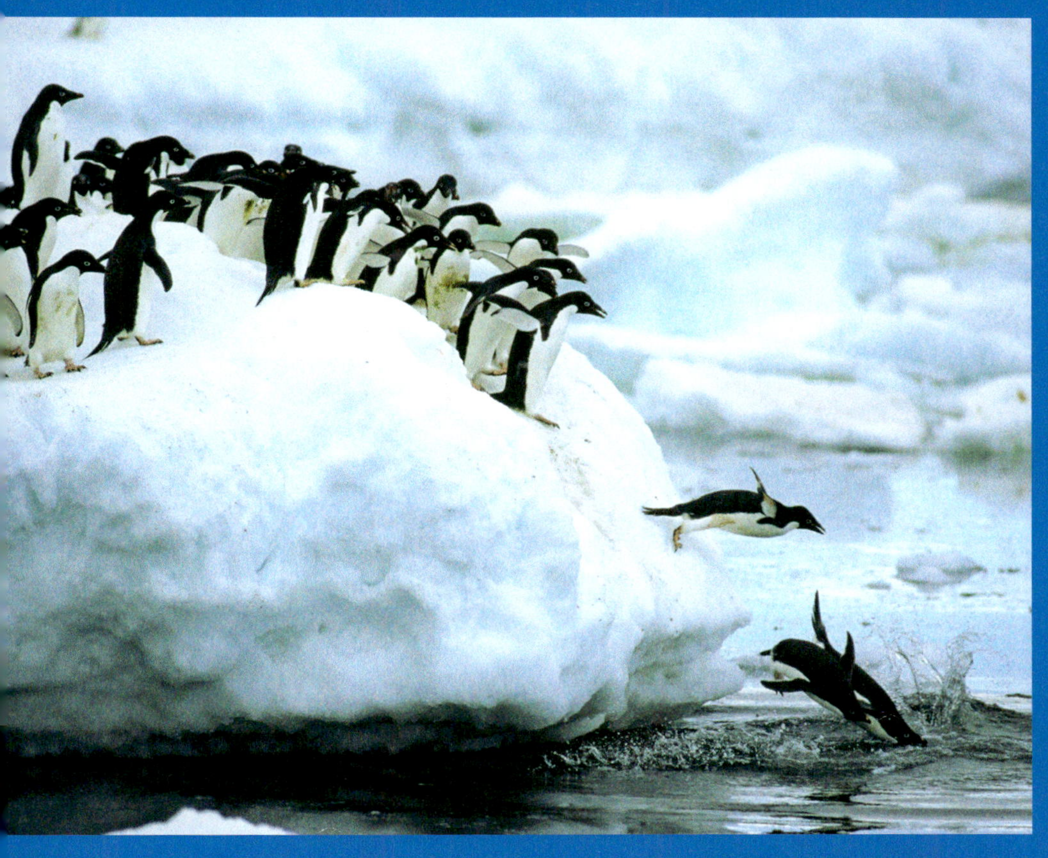

Der Junge Adeliepinguin

Die Oberseite und der Kopf des Adeliepinguins sind schwarz, die Unterseite ist weiß. Weiße Ringe markieren die Augen. Er ist wie alle seine Pinguinverwandten flugunfähig. So mancher Vogel ist ein Akrobat der Luft, der Adeliepinguin ist der reinste Unterwasserakrobat! Und seine hohen Sprünge aus dem Wasser zurück an Land sind beeindruckend: Er kann Felsen oder Eisbrocken erreichen, die viermal so hoch sind wie seine eigene Körpergröße!

Der junge Polarfuchs

Vor einem großen Stein, hinter dem sich ein Höhleneingang versteckt, sitzen drei kleine Füchse und halten Ausschau nach ihrer Mutter. Sie sind vor vier Wochen mit einem Gewicht von nur 70 Gramm zur Welt gekommen. Ihre Augen waren geschlossen und ihre Beinchen zu schwach, sie zu tragen. Die erste Zeit verbrachten sie buchstäblich im Schlaf, unterbrochen von regelmäßigem Saugen an den Zitzen der Mutter. Endlich machten sie die Augen auf und unternahmen im Dunkel der Höhle die ersten tapsigen Schritte. Und da sind sie nun, ein wenig ängstlich noch, aber neugierig auf die unbekannte Welt da draußen!

Der dicke Winterpelz hält den Polarfuchs auch bei eisigen Temperaturen warm.

Das Fell der Fuchswelpen ist graubraun. Erst wenn sie älter sind, wird es weiß.

Wer bin ich?

Der Polarfuchs

Klasse: Ich gehöre zur Klasse der Säugetiere und bin Fleischfresser.

Größe: Von der Schnauze bis zum Schwanzansatz messe ich 46 bis 68 Zentimeter. Mein Schwanz ist 30 bis 40 Zentimeter lang.

Gewicht: Ich wiege zwischen 3 und 9 Kilogramm.

Merkmale: Wenn ich erwachsen bin, habe ich ein weißes Fell, das mich in der Eis- und Schneelandschaft fast unsichtbar macht. Nur am Schwanzende wachsen ein paar schwarze Haare.

Wissenschaftlicher Name:
Alopex lagopus

Ich lebe auf der Nordhalbkugel.

War der Winter besonders streng, werfen Polarfüchse weniger Junge. Dann sind es vielleicht nur zwei bis drei Neugeborene statt sechs bis zehn.

Lehrzeit

Polarfuchswelpen kommen zwischen Mai und Juni zur Welt und werden ungefähr sechs Wochen lang gesäugt. Danach müssen sie sich an fleischliche Kost gewöhnen. Die Eltern erbeuten kleine Nagetiere – in erster Linie Lemminge, die an große Mäuse erinnern und in der arktischen Tundra sehr zahlreich sind – und legen sie den Kleinen vor die Pfoten. Schon bald können die Welpen ihre Eltern auf die Jagd begleiten und lernen, sich selbst zu versorgen. Der arktische Sommer ist kurz, und sobald der Winter kommt, sind die jungen Polarfüchse auf sich allein gestellt.

Nicht wählerisch

Auch Lemminge, die bevorzugte Beute der Polarfüchse, haben ein dickes Winterfell. In guten Jahren sind sie zahlreich, und die Fuchswelpen haben gute Chancen, zu überleben.

Die Fuchseltern haben ihr Kind zu einem guten Jäger ausgebildet. Der Welpe kann nun seine Lieblingsspeise selbst erbeuten. Aber es müssen nicht unbedingt Lemminge sein, auch Vögel, Eier und Fisch schmecken ihm gut. Im Winter, wenn die Landschaft unter einer dicken Schneedecke ruht, ist es schwierig für ihn, etwas zu fressen zu finden; und seine Hauptbeute, die Lemminge, verschwindet dann in ihrem unterirdischen Bau und ist für ihn unerreichbar. So frisst der junge Polarfuchs auf seinen Streifzügen über die eisige Ebene alles, was essbar ist, notfalls sogar Kot von Rentieren oder Moschusochsen.

Dem Bären auf der Spur

In der Nähe eines Eisbären ist Vorsicht geboten, denn ehe er sichs versieht, könnte der Polarfuchs selbst zur Mahlzeit werden!

Bei der Nahrungssuche kann der Polarfuchs gelegentlich von denen profitieren, die stärker sind als er. So heftet er sich gern an die Fersen eines jagenden Eisbären, denn der lässt Reste seiner Beute liegen, wenn er satt ist. Vorsichtig nähert sich der Fuchs dem Aas und stillt seinen Hunger. Und wenn er gar nichts findet? Das ist kein großes Problem, denn der Polarfuchs kann es lange ohne Futter aushalten.

Im Winter legt der Polarfuchs große Entfernungen zurück. Rechtzeitig wachsen dichte Haare an den Pfoten und zwischen den Ballen, die ihn vor der Kälte schützen.

Das kleine Walross

Am Strand ist das kleine Walross gut aufgehoben und hat nicht viel zu befürchten, denn es genießt den Schutz seiner wachsamen Mutter. Sie stellt sich mutig und entschlossen jeglicher Gefahr entgegen. Sollte sich ein Artgenosse aus einer anderen Familie erdreisten, sich ihrem Kleinen auch nur zu nähern, greift sie, ohne zu zögern, an und kämpft. Die Bande zwischen Mutter und Kind sind sehr eng. Sie säugt ihr Kind zwei Jahre, bietet ihm jedoch zusätzlich immer wieder Fisch an, sobald es sechs Monate alt ist. Erst mit vier Jahren kann sich das junge Walross selbst versorgen.

Die langen Stoßzähne kennzeichnen das Walross.

Bei der Geburt wiegt das kleine Walross schon 50 Kilogramm. Flaum bedeckt seine dicke, faltige Haut.

Wer bin ich?

Das Walross

Klasse: Ich gehöre zur Klasse der Säugetiere und ernähre mich von Fischen, Muscheln und Weichtieren.

Größe: Bin ich ein Männchen kann ich bis zu 3,60 Meter lang werden. Als Weibchen messe ich zwischen 2,50 und 2,80 Meter.

Gewicht: Ich wiege als Männchen zwischen 1000 und 1600 Kilogramm, als Weibchen 750 bis 1200 Kilogramm.

Merkmale: Mit zunehmendem Alter verschwindet mein Haarkleid.

Wissenschaftlicher Name:
Odobenus rosmarus

Ich lebe auf der Nordhalbkugel.

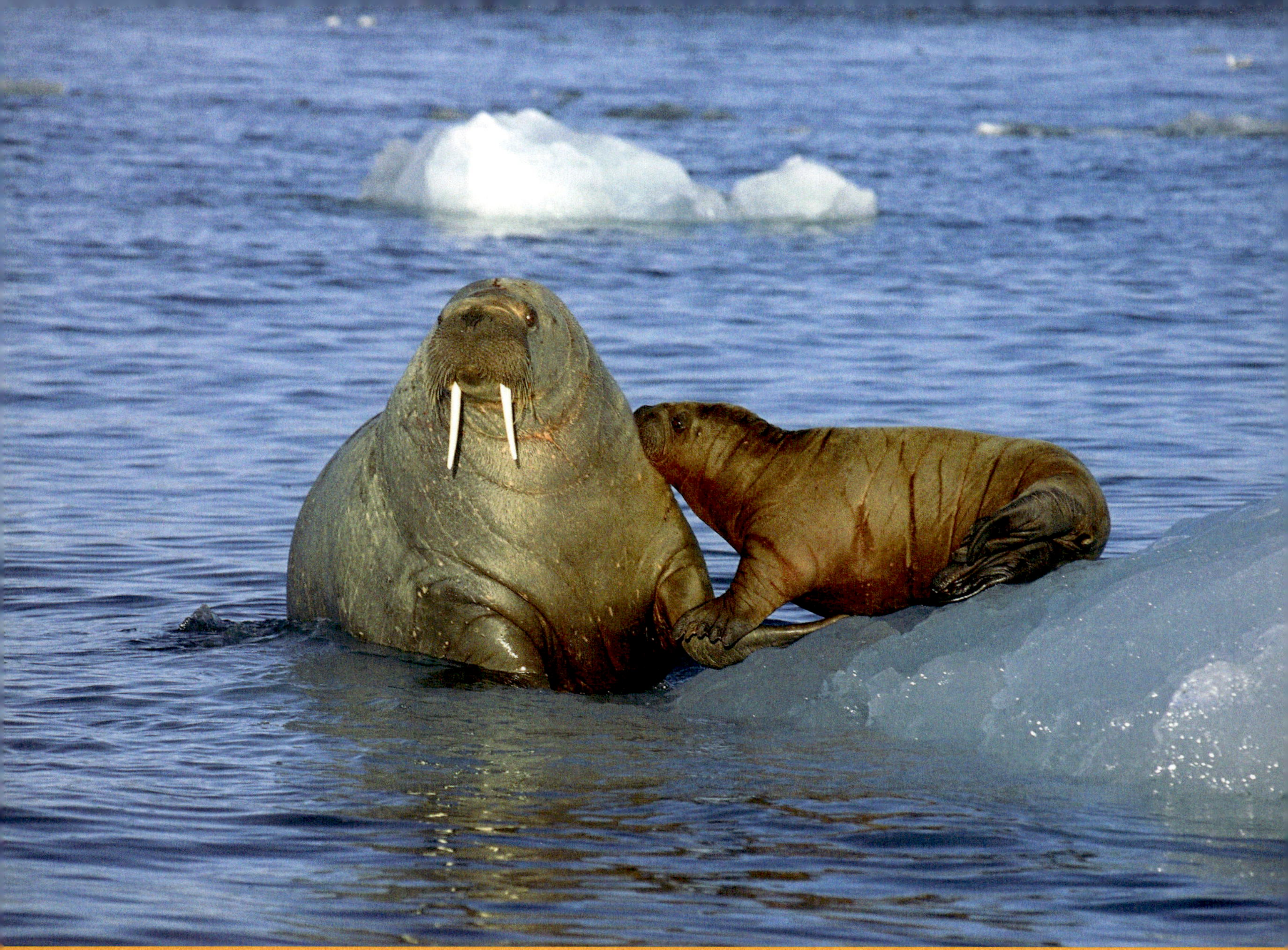

Von Jahr zu Jahr werden die Stoßzähne des jungen Walrosses stämmiger.

Beeindruckende Zähne

Die oberen Eckzähne des Walrosses sind zu beachtlichen Stoßzähnen ausgebildet, die „Hauer“ genannt werden. Sie kommen erst zum Vorschein, wenn das Walross sechs Monate alt ist. Je größer das kleine Walross wird, desto größer werden auch die Stoßzähne. Die Hauer der Männchen sind allerdings länger und dicker und haben einen fast eckigen Querschnitt, während die des Weibchens eher rund sind.

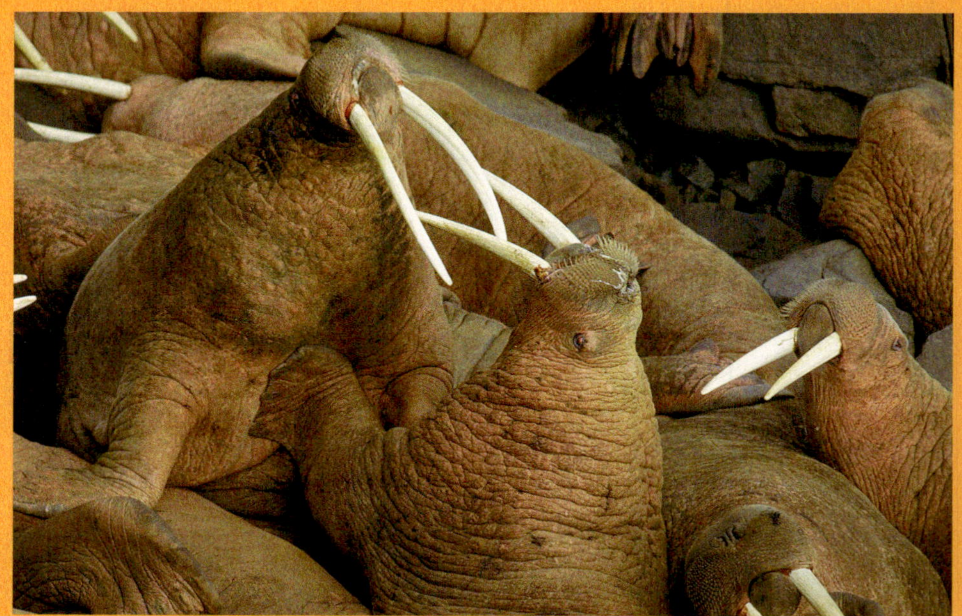

Die Stoßzähne sind nicht bei jedem Tier gleich lang. Im Durchschnitt messen sie 50 Zentimeter, aber es werden auch Längen von 80 Zentimetern erreicht.

Nahrungssuche

Das Walross ernährt sich hauptsächlich von Krebstieren, Würmern und Muscheln. Wie alle anderen Robben auch kann es gut schwimmen und tauchen. Sein Bart, der sich aus vielen Tasthaaren zusammensetzt, hilft ihm, die Beute aufzuspüren und zu erkennen, selbst wenn sie unter dem Sand verborgen ist. Mit den Flossen wirbelt es den Meeresgrund auf, stochert mit seiner Schnauze in Algen herum oder nagt an den Felsen. Die Stoßzähne benutzt es zur Fortbewegung an steilen Hängen, um dort nicht wegzurutschen.

Das Walross haut seine gewaltigen Stoßzähne ins Eis und hievt sich an Land. Eispickeln gleich bohrt es sie in den gefrorenen Untergrund und zieht seinen massigen Körper vorwärts, ohne wegzurutschen.

Imponiergehabe

Ein Kampf ist unausweichlich, wenn zwei gleich starke Bullen aufeinandertreffen.

Für Walrossbullen sind die Stoßzähne noch aus einem anderen Grund wichtig: Ihre Länge bestimmt die Rangordnung innerhalb der Gruppe und schüchtert Rivalen ein. Der Bulle mit den längsten und kräftigsten Hauern ist der Chef. Es genügt, sie selbstbewusst zu präsentieren – und der beste Platz an der Sonne gehört ihm! Bei der Partnerwahl bewundern die Walrosskühe die zur Schau gestellten Hauer des Chefs und bieten sich zur Paarung an. Ihn zu provozieren, sollten sich die anderen Bullen gut überlegen! Wenn die Drohgebärden des Chefs nicht ernst genommen werden, kommt es zum Kampf. Die Stoßzähne werden zu gefährlichen Waffen, die böse Wunden schlagen können.

Der junge Wanderalbatros

Es ist Ende Dezember in der Antarktis. Das Albatrosweibchen legt ein einzelnes weißes Ei, das erstaunliche 500 Gramm schwer ist! Die künftige Vogelmutter hat für den Nestbau einen kahlen Hügel ausgesucht, der steil zum Meer abfällt, und dort Gräser und Reisig zu einem Nest aufgehäuft. Der Platz ist sowohl zum Abheben als auch zum Landen hervorragend geeignet. Männchen und Weibchen setzen sich abwechselnd auf das Ei, um es auszubrüten. Nach ungefähr achtzig Tagen schlüpft das kleine Küken.

Der Wanderalbatros ist ein sehr großer Vogel, der sich nur selten auf dem Boden aufhält.

Das Albatrosküken kommt mit einem Daunenkleid zur Welt. Trotzdem wird es die Körperwärme seiner Eltern noch eine ganze Weile brauchen.

Wer bin ich?

Der Wanderalbatros

Klasse: Ich gehöre zur Klasse der Vögel und ernähre mich von Fischen und Schalentieren.

Größe: Ich bin 1,10 bis 1,30 Meter lang, von der Schnabel- bis zur Schwanzspitze gemessen. Meine Flügel erreichen eine Spannweite von 3 bis 3,50 Metern.

Gewicht: Ich kann bis zu 10 Kilogramm schwer werden.

Merkmale: Erwachsene Männchen sind bis auf die schwarzen Flügelränder und -spitzen vollkommen weiß.

Wissenschaftlicher Name:
Diomedea exulans

Ich lebe auf der Südhalbkugel.

Eine Kindheit an Land

Die ersten Lebenswochen verbringt das Albatrosküken gut geschützt in seinem Nest. Die Eltern versorgen abwechselnd ihr Kind mit frisch gefangenen kleinen Fischen. So gut ernährt, wächst der Nesthocker schnell heran. Sein Daunenkleid wird immer dichter und hält ihn schön warm. Nach ein paar Monaten verändert er sich. Er wird schlanker und noch größer. Der weiche Kükenflaum macht braunen und weißen Federn Platz.

Abwechselnd kommen die Albatroseltern zum Nest und füttern ihren Nachwuchs. In den ersten Lebenswochen bleibt das Küken im Nest.

Um seine Muskeln zu stärken, schlägt der Jungvogel kräftig mit den Flügeln und stolziert immer wieder um sein Nest herum. Bald ist er fit für den ersten Flug.

Das Meer ruft

Die Albatroseltern kommen immer seltener zum Nest, denn ihr Nachwuchs wird von Tag zu Tag größer und sollte bald flügge sein. Sie haben ihn ja lang genug gefüttert, und nun heißt es „selbstständig werden". Von einem Tag auf den anderen sieht sich der junge Albatros allein gelassen und wartet vergeblich auf die gewohnte Portion Fisch. Was bleibt ihm anderes übrig, als seinen Geburtsort zu verlassen und selbst nach Nahrung zu suchen? Er ist jetzt neun Monate alt und bereit für seinen ersten Flug zum Meer.

Zwischen Himmel und Wasser

Wie andere Meeresvögel auch, wird unser junger Albatros einen Großteil seines Lebens über und auf dem Wasser verbringen. Mit seinen langen, schmalen Flügeln nutzt er geschickt den Wind, um mühelos über dem Meer zu segeln. Er kann mehrere Wochen, ja Monate fernab vom Festland zubringen. Und wenn er müde wird? Dann setzt er sich einfach aufs Wasser und treibt auf den Wellen. Eines Tages wird er jedoch an seinen Geburtsort zurückkehren, um sich zu paaren und ein Junges aufzuziehen. Aber bis dahin werden noch ein paar Jahre vergehen.

Das Albatrosmännchen führt einen Balztanz vor seiner Auserwählten auf, denn es will sich mit ihr paaren.

Dank seiner langen Flugfedern ist der Albatros ein guter Segelflieger. Er kann große Strecken meistern, ohne zu ermüden.

Das kleine Rentier

Ende Mai, wenn das kleine Rentier geboren wird, ist es im hohen Norden noch sehr kalt. Wenn die Geburt naht und die Rentierkuh Wölfe wittert, sucht sie einen höher gelegenen Platz. Dort oben muss sie in Kauf nehmen, dass der kalte Wind ihre schwierige Lage noch verschlimmert. Das kleine Rentier erblickt das Licht einer Welt, die alles andere als einladend aussieht. Die Rentiermutter beeilt sich, das Neugeborene gründlich abzuschlecken, damit sein nasses Fell nicht gefriert. Als Nächstes gibt sie ihm einen Schubs, und siehe da – es richtet sich auf und ist schon bereit, seiner Mutter zu folgen!

Männliche Rentiere haben sehr ausladende Geweihe, die sie im Kampf gegen Rivalen einsetzen.

Die Hörner des jungen Rentiers sind von einer kurz behaarten Haut bedeckt, die „Bast" genannt wird. Sie löst sich und wird vom Tier abgerieben, wenn die Hörner ausgewachsen sind.

Wer bin ich?

Das Rentier

Klasse: Ich gehöre zur Klasse der Säugetiere und bin Pflanzenfresser.

Größe: Ich messe von der Schnauze bis zum Schwanz 1,20 bis 2,20 Meter und bin, gemessen von den Hufen bis zum Widerrist, 0,80 bis 1,50 Meter hoch.

Gewicht: Wenn ich ein Männchen bin, wiege ich bis zu 300 Kilogramm und wenn ich ein Weibchen bin, bis zu 150 Kilogramm.

Merkmale: Auch als Weibchen trage ich ein Geweih, das der Männchen ist jedoch größer.

Wissenschaftlicher Name:
Rangifer tarandus

Ich lebe auf der Nordhalbkugel.

Immer unterwegs

Rentiere sind immer auf Wanderschaft. In großen Herden laufen sie Tausende von Kilometern stets auf der Suche nach frischen Weidegründen. Im Frühling ist die Polarregion ihr Ziel, die den kurzen Sommer über Nahrung verspricht. Im Herbst ziehen sie wieder Richtung Süden, zurück in die großen Wälder. Von Kindesbeinen an folgt das Rentier diesem Rhythmus, denn die Natur hat dafür gesorgt, dass es schon kurz nach der Geburt dazu in der Lage ist, sich der großen Herde anzuschließen.

Das Rentier kommt mit rehbraunem Fell zur Welt. Wenn es ausgewachsen ist, wechselt die Fellfarbe mit den Jahreszeiten.

Auf Moosen und Flechten, der einzigen Winternahrung, liegt eine dicke Schneeschicht. Aber die Rentiere wissen sich zu helfen: Sie arbeiten geschickt mit ihren Vorderhufen und graben sich einen Zugang.

Hufe für alle Jahreszeiten

Das Rentier ist für den beschwerlichen Marsch im Schnee bestens ausgerüstet. Gegen die Kälte sind im Winter die Ballen mit Fell überzogen. Die Hufe selbst werden scharfkantig und somit rutschfest. Dank der langen, breiten Hufe läuft es sicher über den tiefen Schnee hinweg. Die Klauen lassen sich weit spreizen und verhindern so ein Einsinken. Im Sommer ermöglichen Sie dem Rentier das Laufen in sumpfigem Gelände.

Schwimmende Rentiere?

Drei Tage nach der Geburt ihres Kindes kehrt die Rentiermutter zur Herde zurück, das Junge dicht an ihrer Seite. Die langen Märsche sind kräftezehrend. Mutter und Kind bleiben immer wieder stehen, damit sich das Junge stärken kann. Die nahrhafte Muttermilch lässt es schnell wachsen. Da die Wanderroute der Herde gelegentlich von breiten Flüssen gekreuzt wird, muss das kleine Rentier Schwimmen lernen. Das kann auch lebensrettend sein, nämlich dann, wenn ein Fressfeind naht, der Nichtschwimmer ist!

Ausgewachsene Rentiere tragen ein Geweih. Das der Männchen ist besonders ausladend.

Im Wasser wirken die breiten Hufe der Rentiere wie Paddel, die ein schnelles Vorwärtskommen ermöglichen.

Der junge Eissturmvogel

An einer steil ins Meer abfallenden Felswand herrscht Anfang Mai reges Treiben. Laute gackernde Rufe erfüllen die Luft. Sie kommen aus den Kehlen unzähliger Eissturmvögel, die den Felsen in Besitz genommen haben. Mehrmals sind sie darüber hinweggeflogen, um Ausschau nach dem besten Nistplatz zu halten. Jedes Vogelpärchen hat eine geeignete Felsmulde gefunden, in der nun ein Ei darauf wartet, ausgebrütet zu werden. Das cremeweiße Ei hat eine leicht körnige Schale. Männchen und Weibchen wechseln sich beim Brüten ab, bis nach zweiundfünfzig Tagen das Küken endlich schlüpft.

Die Felsmulde, in der er ausgebrütet wurde, ist auch die Kinderstube des kleinen Eissturmvogels. Beide Eltern versorgen ihn.

Wer bin ich?

Der Eissturmvogel

Klasse: Ich gehöre zur Klasse der Vögel und ernähre mich von Fischen.

Größe: Ich messe von der Schnabel- bis zur Schwanzspitze 43 bis 52 Zentimeter. Meine Flügel haben eine Spannweite von etwa 1,10 Meter.

Gewicht: Ich wiege 700 bis 900 Gramm.

Merkmale: Lebe ich ganz weit im Norden, ist mein Gefieder vollkommen grau. Lebe ich weiter südlich, ist nur die Oberseite meiner Flügel grau, der Rest ist weiß.

Wissenschaftlicher Name:
Fulmarus glacialis

Ich lebe auf der Nordhalbkugel.

Startschwierigkeiten

Unablässig bringen die Eltern kleine Fische und Schalentiere zum Nest und füttern ihr immer hungriges Kind. Kein Wunder, dass es im Eiltempo wächst und gedeiht! Nur sieben Wochen nach dem Schlüpfen ist der kleine Eissturmvogel bereit, sein Nest zu verlassen. Doch von dem Felsvorsprung geht es viele Meter senkrecht in die Tiefe. Das Meer scheint unerreichbar. Schließlich nimmt sich der kleine Kerl ein Herz und stürzt sich ins Leere. Er entfaltet seine Flügel, saust geradewegs auf die Wasseroberfläche zu, fängt sich wieder … und der junge Eissturmvogel kann fliegen!

Eissturmvögel brüten paarweise in großen Kolonien. Sie wählen ihre Nistplätze meistens an steilen Klippen.

Wenn der junge Eissturmvogel seine Brutstätte verlässt, muss er noch mehrere Jahre warten, bis auch er so weit ist, sich fortzupflanzen.

Ein Leben in der Luft und auf dem Wasser

Hat er erst einmal den festen Boden unter den Füßen aufgegeben, kehrt der Eissturmvogel nur ungern an Land zurück. Sein Körper – ein großer, runder Kopf, ein gedrungener Rumpf und weit hinten angebrachte Beine – ist wahrlich nicht für ein Leben an Land geschaffen. Entsprechend langsam und schleppend ist sein Gang. Die Luft und das Wasser sind seine Elemente. Sollte er doch einmal landen, muss er sich eine Stelle suchen, von der aus er dann wieder gut abheben kann.

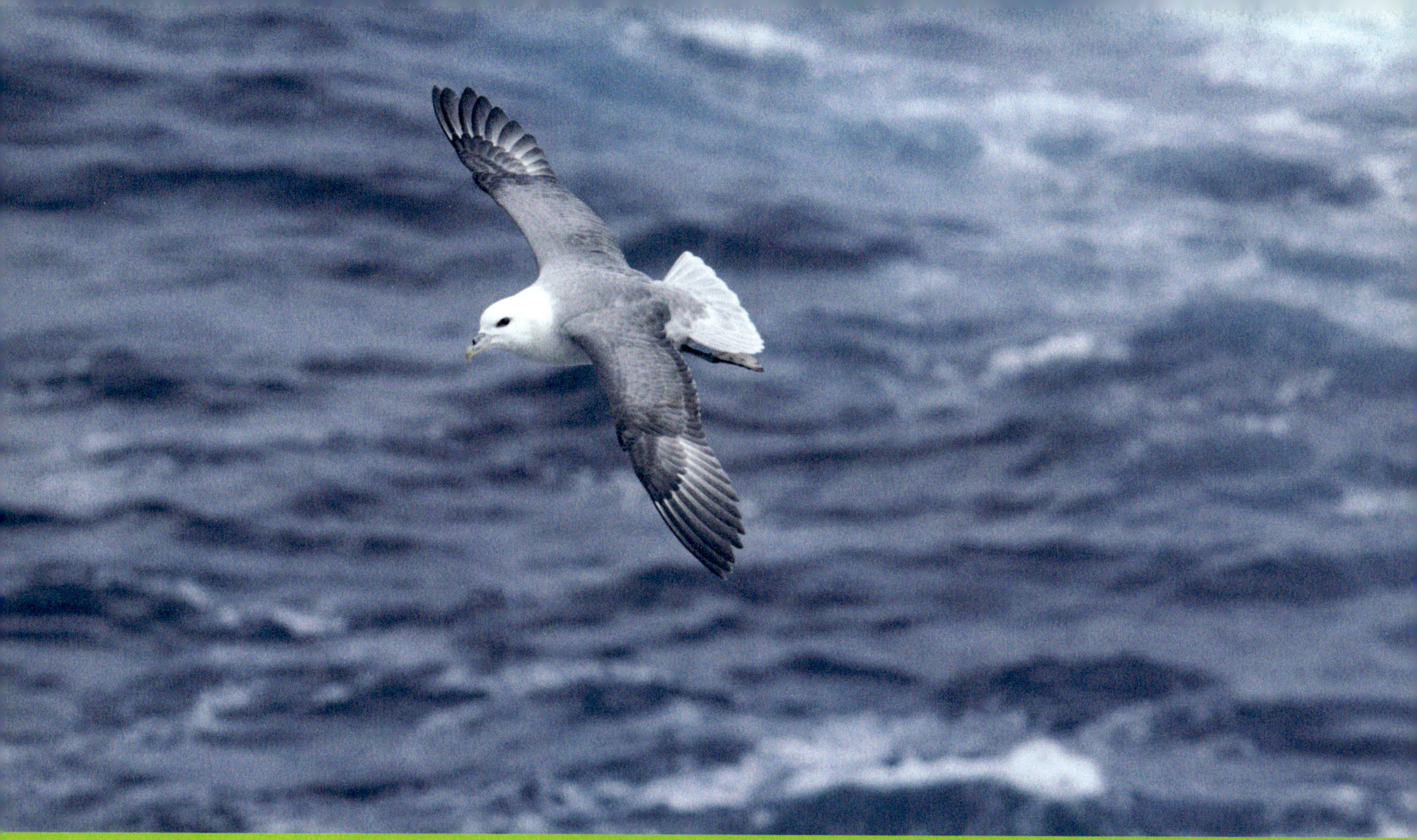

Im Gleitflug hält der Eissturmvogel die Flügel fast waagerecht und spreizt sie weit auseinander. Auch der Schwanz ist gespreizt.

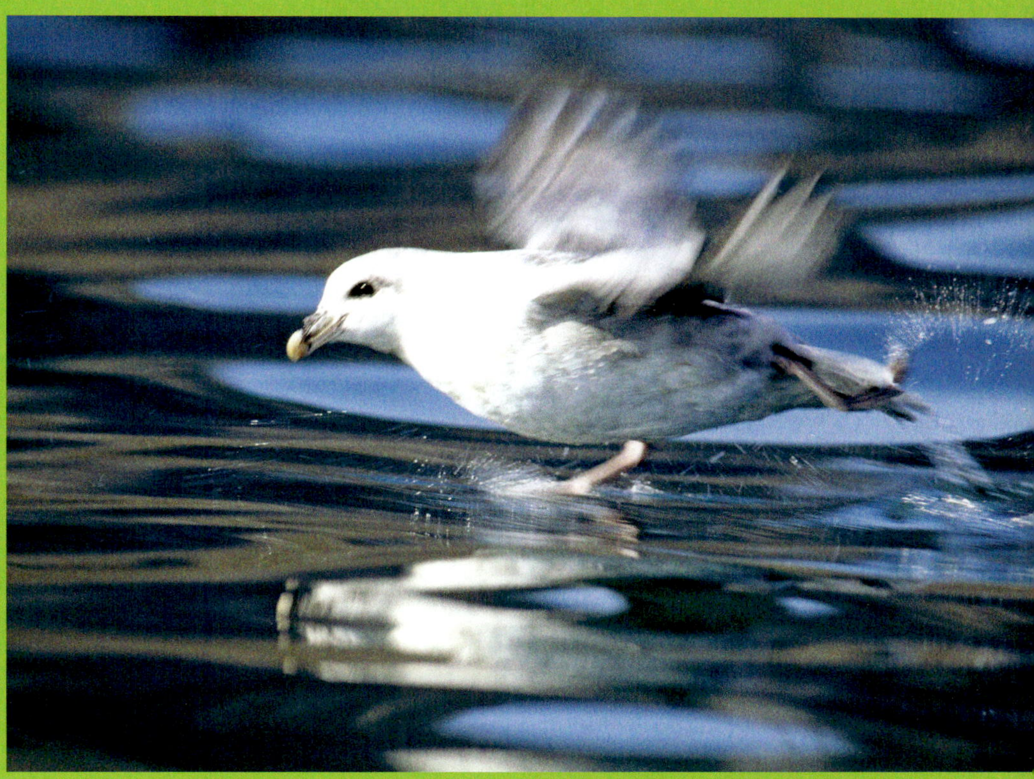

Akrobat der Lüfte

Um vom Meer abheben zu können, entfaltet der Eissturmvogel seine Flügel und nimmt auf der Wasseroberfläche kräftig Anlauf.

Der Eissturmvogel kommt mit jedem Wetter zurecht. Bei ruhiger Witterung begleiten schnelle Flügelschläge seinen Flug. Bläst der Wind, segelt er mit seinen starken, waagerecht entfalteten Flügeln mühelos über den Wellen. Bei heftigem Wind vollzieht er unter wiederkehrenden und plötzlichen Richtungswechseln wahre Kunststücke in der Luft. Will er sich auf einem Felsvorsprung niederlassen, nutzt er einen Luftstrom, mit dessen Hilfe er sicher landen kann. Schwimmt er aber auf dem Wasser, ist das Abheben zum Flug nicht so einfach: Der kleine Eissturmvogel muss dann so lange auf der Wasseroberfläche laufen, bis ihm der Start gelingt!

Die kleine Sattelrobbe

Das Robbenjunge liegt ausgestreckt auf dem Eis und lässt sich die warmen Sonnenstrahlen auf den weißen Bauchpelz scheinen. Das ist seine Lieblingsbeschäftigung. Was sonst könnte es auf dem Packeis auch tun? Anders als die meisten Tierkinder ist es noch nicht einmal verspielt. Hin und wieder versetzt es ohne wirkliche Begeisterung einem herumliegenden Eisstückchen einen Stoß und schaut ihm hinterher. So verbringt das Robbenkind die meiste Zeit mit Schlafen, Ausruhen und … Warten. Es wartet darauf, dass seine Mutter von der Jagd zurückkehrt. Sie ist durch ein Eisloch verschwunden und wird dort auch wieder auftauchen.

Kurz nach der Geburt ist das Fell der kleinen Sattelrobbe noch gelblich.

Die Sattelrobbe bringt jeweils nur ein Junges zur Welt. Auch in größeren Kolonien findet sie es wieder, indem sie seinem Geruch nachspürt.

Wer bin ich?

Die Sattelrobbe

Klasse: Ich gehöre zur Klasse der Säugetiere und ernähre mich von Fischen.

Größe: Ich kann bis zu 2,20 Meter lang werden, wenn ich ein Männchen bin, und bis zu 1,80 Meter, wenn ich ein Weibchen bin.

Gewicht: Ich wiege bis zu 150 Kilogramm.

Merkmale: Wenn ich erwachsen bin, trage ich eine dunkle Sattelzeichnung auf dem Rücken, der ich meinen Namen verdanke.

Wissenschaftlicher Name:
Pagophilus groenlandicus

Ich lebe auf der Nordhalbkugel.

Kälte und Wind

Die kleine Robbe kommt Anfang März zur Welt. Das kalte, windige Packeis ist ihr Zuhause. Zum Glück trägt sie von Geburt an einen dicken Pelz, dessen gelblicher Farbton bald einem makellosen Weiß weichen wird. Und natürlich ist das Neugeborene nicht allein. Seine Mutter liegt dicht neben ihm und liebkost es mit ihrer Schnauze. Schließlich kommen ihre Zitzen, die normalerweise in einer Bauchfalte verborgen sind, zum Vorschein, und sie füttert ihr hungriges Kind. Die nahrhafte Muttermilch wird fürs Erste dafür sorgen, dass es in dieser unwirtlichen Gegend überlebt.

Die Muttermilch ist sehr nahrhaft. Wenn die Robbe nach zwölf Tagen das Säugen einstellt, hat ihr Junges sein Geburtsgewicht verdreifacht.

Die kleine Sattelrobbe genießt die wärmende Sonne auf ihrem Bauch.

Das Robbenjunge verharrt stets am Rand des Eislochs, durch das seine Mutter nach erfolgreicher Jagd wieder ins Freie gelangt.

Wachsen im Eiltempo

Die ersten zwei Tage weicht die Robbenmutter nicht von der Seite ihres neugeborenen Kindes und säugt es sechs- bis siebenmal am Tag. Kein Wunder, dass es sehr schnell wächst und täglich gute 2 Kilogramm zulegt! Aber die Mutter hält das nicht lange durch. Der Hunger treibt sie ins Wasser. Kopfüber schlüpft sie durch das Loch im Eis und taucht ab. Sobald sie ihren Hunger gestillt hat, taucht die Robbe wieder auf, säugt ihr wartendes Kind und sieht nach dem Rechten. So geht das etwa zwölf Tage lang.

Verlassen in der Eiswüste

Etwa zwölf Tage nach der Geburt lernt die kleine Robbe Schwimmen. Im kalten Eismeer findet sie ihre Nahrung und so wird sie sich bald vorwiegend im Wasser aufhalten. Aber viel Zeit bleibt ihr nicht, eine gute Schwimmerin zu werden, denn eines Morgens wird ihre Mutter zusammen mit den anderen erwachsenen Robben in die Gewässer im hohen Norden ziehen. Die kleinen Robbenjungen bleiben allein zurück. Ab sofort müssen sie selbstständig ihre Schwimm- und Jagdtechniken verbessern.

Schwimmen ist keine angeborene Fähigkeit, sondern muss erlernt werden.

Tierquiz

Ob Eisbär, Kaiserpinguin oder Schnee-Eule – in diesem Buch hast du viel über die Polartiere und ihre Jungen erfahren. Mit diesem Quiz kannst du herausfinden, wie viel du dir gemerkt hast. Die Lösungen findest du auf der Seite 68.

Der Eisbär

Wann bringen Eisbären ihre Jungen zur Welt?

a) Im Frühling
b) Im Sommer
c) Mitten im Winter

Welche Farbe hat die unter dem weißen Fell verborgene Haut der Eisbären?

a) Weiß
b) Schwarz
c) Rosa

Der Zwergschwan

Wo baut der Zwergschwan sein Nest?

a) Auf dem Wasser
b) Nah am Wasser
c) In einiger Entfernung vom Wasser

Welche Farbe hat der Schnabel des Zwergschwankükens?

a) Schwarz
b) Weiß
c) Rosa

Der Moschusochse

Wann kann der neugeborene Moschusochse auf seinen Beinen stehen?

a) Eine Stunde nach der Geburt
b) Einen Tag nach der Geburt
c) Einen Monat nach der Geburt

Wovon ernährt sich der Moschusochse im Winter?

a) Von Fleisch
b) Von Milch
c) Von welkem Gras

Der Polarwolf

Was schützt den Polarwolf vor der Kälte?

a) Eine schwarze Haut
b) Ein dichtes, wolliges Unterfell
c) Nichts

Wie jagt der Wolf seine Beute?

a) Nur allein
b) Fast immer im Rudel
c) Er jagt überhaupt nicht.

Die Schnee-Eule

Sind die Beine der Schnee-Eule nackt?

a) Nein, sie sind von Federn bedeckt.
b) Nein, sie sind von Fell bedeckt.
c) Ja, sie sind nackt.

Welche Farbe hat das Gefieder des ausgewachsenen Männchens?

a) Weiß mit dunklen Flecken
b) Gelb
c) Weiß

Der Beluga

Wie wird der Belugawal manchmal genannt?

a) Nachtigall der Meere
b) Amsel der Meere
c) Kanarienvogel der Meere

Ist der Beluga ein Einzelgänger?

a) Ja, er lebt allein.
b) Nein, er lebt mit einem anderen Wal zusammen.
c) Nein, er lebt in einer Gruppe.

Der Antarktische Seebär

Wie viel wiegt ein neugeborener Seebär?

a) Etwa 2 Kilogramm
b) Etwa 6 Kilogramm
c) Etwa 18 Kilogramm

Zu welcher Klasse gehört der Seebär?

a) Zur Klasse der Säugetiere
b) Zur Klasse der Reptilien
c) Zur Klasse der Fische

Der Kaiserpinguin

Wie viele Eier legt das
Kaiserpinguin-Weibchen?

a) Ein Ei
b) Zwei Eier
c) Drei Eier

Wer brütet bei den
Kaiserpinguinen das Ei aus?

a) Der Vater
b) Die Mutter
c) Keiner von beiden

Die anderen Pinguine

Welches Material verwendet
der Eselspinguin für den
Nestbau?

a) Eisstücke
b) Gras
c) Steine und Moos

Wo am Körper schmücken den
Adeliepinguin weiße Ringe?

a) Um die Augen herum
b) Um den Schnabel herum
c) Um die Beine herum

Der Polarfuchs

Was für ein Tier ist der
Lemming?

a) Ein Fisch
b) Ein kleines Nagetier
c) Es ist nur ein anderer Name
   für den Polarfuchs.

Wie schützt der Polarfuchs
seine Pfoten vor dem kalten
Schnee?

a) Er hat Fell zwischen den
   Zehenballen.
b) Er legt sich immer wieder
   hin und wärmt die Pfoten an
   seinem Bauch.
c) Mit seinen langen Krallen

Das Walross

Wie viel wiegt das Walross bei
seiner Geburt?

a) 500 Gramm
b) 5 Kilogramm
c) 50 Kilogramm

Zu welcher Klasse gehört das
Walross?

a) Zur Klasse der Fische
b) Zur Klasse der Säugetiere
c) Zur Klasse der Vögel

Der Wanderalbatros

Welche Farbe hat der ausgewachsene Wanderalbatros?

a) Fast völlig weiß
b) Fast völlig schwarz
c) Fast völlig grau

Wie wirbt das Albatrosmännchen um ein Weibchen?

a) Es bringt dem Weibchen
   einen Fisch.
b) Es führt einen Balztanz auf.
c) Es zwitschert dem Weibchen
   ein Lied.

Das Rentier

Die Hörner des jungen Rentiers
umhüllt eine spezielle Haut.
Wie wird sie genannt?

a) Seide
b) Bast
c) Samt

Wie sind die Hufe des Rentiers
geformt?

a) Sie sind schmal und kurz.
b) Sie sind breit und lang.
c) Sie sind ganz rund.

Der Eissturmvogel

Wo baut der Eissturmvogel
sein Nest?

a) Auf einem Ast
b) Im Sand
c) Auf einem Felsen

Womit wird das Sturmvogel-
küken gefüttert?

a) Mit kleinen Fischen
b) Mit Gräsern
c) Mit Milch

Die Sattelrobbe

Woran erkennt die Sattelrobbe
ihr Junges?

a) An der Augenfarbe
b) An der Fellfarbe
c) Am Geruch

Wo findet die Sattelrobbe
ihr Futter?

a) Auf dem Packeis
b) An Land
c) Im Meer

Die richtigen Antworten

Der Eisbär

c) Eisbären bringen ihre Jungen mitten im Winter zur Welt.

b) Die unter dem weißen Fell verborgene Haut des Eisbären ist schwarz.

Der Zwergschwan

b) Der Zwergschwan baut sein Nest nah am Wasser.

c) Das Zwergschwanküken hat einen rosa Schnabel.

Der Moschusochse

a) Der kleine Moschusochse steht schon eine Stunde nach der Geburt auf seinen Beinen.

c) Im Winter frisst der Moschusochse welkes Gras.

Der Polarwolf

b) Der Polarwolf hat ein dichtes, wolliges Unterfell unter seinem Pelz.

b) Der Polarwolf jagt seine Beute fast immer im Rudel.

Die Schnee-Eule

a) Die Beine der Schnee-Eule sind von Federn bedeckt.

c) Das Gefieder des ausgewachsenen Eulenmännchens ist vollkommen weiß.

Der Beluga

c) Der Beluga wird manchmal „Kanarienvogel der Meere" genannt.

c) Der Beluga lebt in einer Gruppe.

Der Antarktische Seebär

b) Der neugeborene Antarktische Seebär wiegt etwa 6 Kilogramm.

a) Der Antarktische Seebär gehört zur Klasse der Säugetiere.

Der Kaiserpinguin

a) Das Weibchen legt ein einziges Ei.

a) Der Vater brütet das Ei aus.

Die anderen Pinguine

c) Der Eselspinguin baut sein Nest aus Steinen und Moos.

a) Der Adeliepinguin hat einen weißen Ring um jedes Auge.

Der Polarfuchs

b) Der Lemming ist ein kleines Nagetier.

a) Das Fell zwischen den Zehenballen schützt die Pfoten des Polarfuchses vor dem kalten Schnee.

Das Walross

c) Das Walross wiegt bei der Geburt 50 Kilogramm.

b) Das Walross gehört zur Klasse der Säugetiere.

Der Wanderalbatros

a) Der erwachsene Wanderalbatros ist fast völlig weiß.

b) Das Männchen führt vor dem Weibchen einen Balztanz auf, um es zu erobern.

Das Rentier

b) Die Haut auf den Hörnern des jungen Rentiers wird „Bast" genannt.

b) Die Hufe des Rentiers sind breit und lang.

Der Eissturmvogel

c) Der Eissturmvogel baut sein Nest auf einem Felsen.

a) Das Küken wird mit kleinen Fischen gefüttert.

Die Sattelrobbe

c) Die Sattelrobbe erkennt ihr Junges am Geruch.

c) Die Sattelrobbe findet ihre Nahrung im Meer.

Glossar

Antarktis
Die Zone um den Südpol mit
den angrenzenden Regionen
heißt Antarktis.

Arktis
Die Zone um den Nordpol mit
den angrenzenden Regionen
heißt Arktis.

Beutetier
Ein Tier, das von einem
anderen Tier getötet wird,
um ihm als Nahrung zu
dienen.

Blasloch
Manche Meeressäugetiere wie
der Beluga haben ein Blasloch
auf dem Kopf, das der Atmung
dient.

Brut
Die gesamten Eier im Nest und
die daraus schlüpfenden Jung-
vögel werden Brut genannt.

Daunen
Die ersten weichen Federn
eines Jungvogels sind die
Daunen.

Fleischfresser
Ein Tier, das sich fast aus-
schließlich von Fleisch ernährt.

Kolonie
Eine Gruppe gleichartiger Tiere,
die sich zum Zeitpunkt der
Fortpflanzung ein Revier teilt.
Pinguine und Eissturmvögel
bilden Kolonien.

Krill
Kleinkrebse, die Teil des
Planktons sind. Sie bilden
riesige Schwärme und sind die
Hauptnahrung einiger Meeres-
bewohner wie Antarktischer
Seebär und Kaiserpinguin.

Krustentier
Im Wasser lebende Weichtiere,
die einen Panzer tragen und
mit Kiemen atmen.

Packeis
Die dicke Eisschicht auf
den Polarmeeren nennt
man Packeis.

Pflanzenfresser
Ein Tier, das sich hauptsächlich
von Gras und anderen Pflanzen
ernährt. Zwergschwäne,
Moschusochsen und Rentiere
sind Pflanzenfresser.

Raubtier
Ein Tier, das andere Tiere jagt
und tötet, um sich zu ernähren.
Raubtiere sind somit immer
auch Fleischfresser.

Revier
Ein Gebiet, das ein Tier in
Besitz nimmt und gegen Art-
genossen verteidigt.

Säugetier
Ein Tier, das seine Jungen
mit Muttermilch säugt.

Spannweite
Die Breite der entfalteten
Vogelflügel von einer Spitze
zur anderen nennt man
Spannweite.

Tundra
Die Tundra ist eine Landschaft,
in der nur karge Pflanzen wie
Gras, Moos und Flechten
wachsen.

Weichtier
Tiere, deren weicher Körper
wirbellos ist, nennt man
Weichtiere. Dazu gehören
Schnecken, Muscheln und
Tintenfische.

Widerrist
Der Widerrist ist der erhöhte
Übergang vom Hals zum
Rücken bei Vierbeinern.

Wurf
Alle Jungen, die zur gleichen
Zeit von einem Säugetier-
weibchen geboren werden,
gehören zu einem Wurf.

Bildnachweis

Arioko: Van Steen: S. 62, Umschlagfoto Rückseite Mitte

Biosphoto: G. Robertson/Auscape: S.4–5; J.-L. Klein/ M.-L. Hubert: S.9o; F. Renard: S.23o, S.25u; S. Cordier: S.36u; C. Dani/I. Jeske: S.39u; D. Allan/OSF: S.41o, S.63u; P. Vernay/L. Polar: S.46, S.61u; Fr. Pawlowski: S.53o; M. Duhau: S.65u

BSIP: OSF/O. Newman: S.21

Colibri: S. Blanc: S.36o

Corbis: S. Kaufman: S.10, S.12o; Momatiuk/Eastcott: S.14, S.17u, S.31u; K. Ward: S.24o, S.25o, S.47o; D. J. Cox: S.24u; P. Souders: S.37, S.50; T. Davis: S.40o; T. Brakefield: S.65o

Jacana/Hoa-Qui/Explorer: S. Cordier: S.6, S.7o, S.68u; S. Eszterhas/NPL: S.7u; E. Baccega: S.8u, S.45o, S.57u; M. Holmes/NPL: S.9u; D. Kjaer/NPL: S.15o, S.17, S.64u; B. Mate/NPL: S.11u; W. Osborn/NPL: S.11ul; T. Vezo/ NPL: S.19u; J. Turner/NPL: S.20; S. Widstrand/NPL: S.21o; H. Ausloos/Age Fotostock: S.23u; Flood/NPL: S.26, S.28o; D. Allan/NPL: S.27o, S.29u, S.51u; M. Newman u. Associates/Imagestate: S.29o; D. Aures: S.30, S.33u; O. Joly: S.33o, S.51u; M. Hill/Imagestate: S.38; P. Robles Gil/Age Fotostock: S.41u; T. Walker: S.41, S.45u, S.55, S.57u; T. Mangelsen/NPL: S.43o; S. Zank/NPL: S.43u; D. White/NPL: S.51u; I.Arndt/NPL: S.51o; A. Helgestad/NPL: S.54; J. Cancalosi/NPL: S.58, S.59u; E. A. Janes/Age Fotostock: S.59o; M. Read/NPL: S.61o; P. Wild: S.63o; E. R. Aguirre/Age Fotostock: S.64o

Mauritius images: N. Rosing: Umschlagfoto Vorderseite

Sunset: Rex Interstock: S.8u, S.49o; FLPA: S.12ur, S.19o, S.28u; Juniors Bildarchiv: S.15o, S.16o, S.17o, S.48o, S.49u, S.51o, S.56o, S.57o; M. Hamblin: S.15u; T. Niemi: S.16u; Animals Animals: S.18, S.21u, S.31o, S.44, S.56u, Umschlagfoto Rückseite oben; Horizon Vision: S.27u; M. Zwick: S.31u, S.60u; J. Mc Donald: S.31u; Brake: S.35, S.36ml, Umschlagfoto Rückseite unten; D. Hosking: S.39o; R. Marion: S.40u; G. Lacz: S.48u

(o=oben; u=unten; m=Mitte; l=links; r=rechts; ol=oben links; or=oben rechts; ul=unten links; ur=unten rechts)

Bibliografische Information der Deutschen Nationalbibliothek

Die Deutsche Nationalbibliothek verzeichnet diese Publikation in der Deutschen Nationalbibliografie; detaillierte bibliografische Daten sind im Internet über **http://dnb.d-nb.de** abrufbar.

3 2 1   13 12 11

Text: Hélène Montardre
Übersetzung aus dem Französischen:
Hannelore Leck-Frommknecht
Umschlagdesign: dieBeamten.de/Anja Langenbacher
und Reinhard Raich
Redaktion: Julia Reindl

ISBN 978-3-473-55326-6

www.ravensburger.de